Bibliografische Information der Deutschen Nationalbibliothek:

Die Deutsche Bibliothek verzeichnet diese Publikation in der Deutschen National-
bibliografie; detaillierte bibliografische Daten sind im Internet über http://dnb.d-
nb.de/ abrufbar.

Impressum:

Copyright © 2016 GRIN Verlag, Open Publishing GmbH
Druck und Bindung: Books on Demand GmbH, Norderstedt Germany
ISBN: 9783668572386

Dieses Buch bei GRIN:

http://www.grin.com/de/e-book/380680/islamophobie-in-deutschland-vorurteile-
gegenueber-muslimischen-migranten

Nazli Duman

Islamophobie in Deutschland. Vorurteile gegenüber muslimischen Migranten. Die Rolle der Medien

GRIN Verlag

Institut für vergleichende Bildungsforschung und Sozialwissenschaften

Humanwissenschaftliche Fakultät

Universität zu Köln

BACHELORARBEIT

Islamophobie in Deutschland

vorgelegt von: Nazli Duman

abgegeben am: 27.09.2016

Bearbeitungszeit: zehn Wochen

Inhaltsverzeichnis

1. Einleitung

In den letzten Jahren ist der Islam ein sehr brisantes und präsentes Thema, sowohl in der deutschen Gesellschaft, als auch in den deutschen Medien. Aufgrund der gestiegenen Terroranschläge, beschäftigt sich die deutsche Gesellschaft mit dem Thema Islam, da der Begriff des Terrorismus mit dem Islam gleichsetzt wird. Dabei gehört der Islam neben dem Christentum zur zweit größten Weltreligion. Der Islam wird häufig mit negativen Assoziationen in Verbindung gebracht und es wird behauptet, dass muslimische Menschen sich nicht integrieren können. Es wird angenommen, dass die religiösen Werte der Muslimen nicht vereinbar sind, mit den Werten der deutschen Gesellschaft.[1] So werden die muslimischen Menschen als Fremdgruppen betrachtet, obwohl sie schon seit mehreren Jahren in Deutschland leben. Seit der Einwanderung vieler muslimischen Menschen wird immer wieder diskutiert, ob sich die muslimischen Einwanderer integriert haben oder nicht. Hierbei belegen zahlreiche Studien, dass Muslime engagiert sind, sich in die deutsche Gesellschaft zu integrieren, in dem sie kulturelle Kompetenzen wie Sprachfähigkeiten und Bildungserfolg erwerben.[2]

Nach dem 11. September 2001 hat sich in der deutschen Gesellschaft eine Angst vor dem Islam entwickelt. Seit diesem Vorfall wird der Islam mit Extremismus und Fundamentalismus in Verbindung gebracht. Aus diesem Grund hat sich der Begriff der Islamophobie in dem Themenfeld der Islamdebatte etabliert.

„Die öffentliche Wahrnehmung des Islams und islamischer Themen als Kette von Problemfällen sorgt dafür, dass die Verunsicherung und Ängste der deutschen Gesellschaft gegenüber der islamischen Religion deutlich zunehmen."[3] Medien vermitteln ein Bild von einem „islamisiertem Deutschland", wobei der Anteil der muslimischen Menschen in der Bundesrepublik Deutschland ungefähr 5 Prozent beträgt. Dennoch sorgt dieses Bild dafür, dass sich deutsche Menschen mehr von den muslimischen Menschen distanzieren und somit auch die Religion des Islams ablehnen. Aus diesem Grund ist es interessant, sich mit dem Thema der Islamophobie zu beschäftigen, um betrachten zu können, wie sich die Islamophobie in den zunehmenden Jahren entwickelt hat und welche Rolle Medien bei der Wahrnehmung des Islams spielen.

---

[1] Vgl. Özdemir, Die Identitätsentwicklung der türkischen Familien in Berlin, Hamburg 2013, S. 139.
[2] Vgl. Halm/Sauer, Lebenswelten der Muslime, Gütersloh 2015, S. 22.
[3] Özdemir, Die Identitätsentwicklung der türkischen Familien in Berlin, Hamburg 2013, S. 140.

1.1 Allgemeine Daten zu den Muslimen in Deutschland

In Deutschland leben rund 4 Millionen Muslime und sie bilden die größte religiöse Minderheit.[4] Das Bundesamt für Migration und Flüchtlinge führte im Auftrag der Deutschen Islam Konferenz eine Studie über „Muslimisches Leben in Deutschland" und besagt, dass die Zahl der muslimischen Menschen zwischen 3,8 und 4,3 liegt.[5] Somit beträgt der Anteil der Muslime in Deutschland zwischen 4,6 und 5,2 Prozent.[6] Weiterhin liefert die Studie die Herkunftsländer der Muslime. 2,5 bis 2,7 Millionen muslimische Menschen haben türkische Wurzeln und sie bilden auch die größte Gruppe in Deutschland lebender Muslime. Dies bedeutet, dass rund 63 Prozent türkische Muslime in Deutschland leben.[7] „Die Anzahl derjenigen, die aus den südosteuropäischen Ländern Bosnien, Bulgarien und Albanien stammen, liegt zwischen 496.000 und 606.000 Personen."[8] 292.000 bis 370.000 muslimische Menschen stammen aus dem Nahen Osten und bilden die drittgrößte muslimische Bevölkerungsgruppe in Deutschland.[9] Weiterhin stammen 259.000 und 302.000 muslimische Migranten aus Nordafrika. 45 Prozent der muslimischen Migranten besitzen eine deutsche Staatsangehörigkeit und 55 Prozent weisen eine ausländische Nationalität auf.

1.2 Fragestellung und Aufbau der Arbeit

Die vorliegende Arbeit beschäftigt sich mit dem Thema „Islamophobie in Deutschland". Hierbei wird untersucht, welches Islambild die deutsche Gesellschaft hat und welche Ursachen hinter den existierenden Vorurteilen liegen. Zunächst wird im zweiten Kapitel „Vorurteile gegenüber muslimischen Migrantinnen und Migranten in Deutschland" dargelegt, welche Vorurteile gegenüber Islam und Muslime existieren. Weiterhin werden folgende Begriffe wie Stigmatisierung, Islamophobie und Islamfeindlichkeit definiert.

In dem zweiten Kapitel wird die Rolle der Medien bei der Wahrnehmung des Islams analysiert. Auch werden drei Untersuchungen von Sabine Schiffer, Kai Hafez und Carola Richter und zuletzt von dem Sachverständigenrat der deutschen Stiftung in Betracht gezogen, da sich alle drei Untersuchungen ausführlich mit dem Islambild in den deutschen Medien befasst haben. Das dritte Kapitel „Einstellungen gegenüber dem Islam

---

[4] Vgl. Halm/ Sauer, Lebenswelten deutscher Muslime, Gütersloh 2015, S. 12
[5] Vgl. BAMF, Muslimisches Leben in Deutschland, Nürnberg 2009, S. 11.
[6] Vgl. ebd.
[7] Vgl. ebd.
[8] Ebd., S. 12-13.
[9] Vgl. ebd., S. 13.

und zu Muslimen in Deutschland" beschreibt die Wahrnehmung des Islams in der deutschen Gesellschaft. Dabei werden die Studien von der Langzeituntersuchung der gruppenbezogenen Menschenfeindlichkeit und der Bertelsmann Stiftung präsentiert, um beurteilen zu können, welches Islambild die deutsche Gesellschaft tatsächlich besitzt. Am Ende dieses Kapitels werden beide Untersuchungen verglichen, um betrachten zu können, wie sich das Islambild in den zunehmenden Jahren verändert hat. Denn die Langzeituntersuchung der gruppenbezogenen Menschenfeindlichkeit veröffentlichte ihre Untersuchung zur Verbreitung der Islamophobie im Jahre 2003 und die Bertelsmann Stiftung publizierte ihre Studie zur Wahrnehmung des Islams in Deutschland im Jahre 2015. Am Ende dieser vorliegenden Arbeit wird ein Fazit gezogen und die Ergebnisse zusammengefasst, um die Ausgangsfrage zu beantworten.

2. Vorurteile gegenüber muslimischen Migranten in Deutschland

Der Begriff des Vorurteils beschreibt negative Haltungen und Meinungen gegenüber Personen oder Gruppen. „Vorurteile beruhen oftmals nicht auf eigenen Erfahrungen, sondern werden übernommen."[10] Von den Vorurteilen sind meistens die Minderheiten betroffen, da man oft keinen direkten Kontakt zu ihnen hat und sich von der Sekundärerfahrung manipulieren lässt. Auch sind Muslime von den Vorurteilen betroffen, da sie die größte Minderheit in Deutschland bilden. Umfangreiche Untersuchungen zeigen, dass starke Vorurteile gegenüber muslimischen Menschen in Deutschland geben.[11] „Nach der Zuwanderung größerer Gruppen Muslimen in die westlichen Industrieländer haben sie sich zu einem Vorurteilskomplex verdichtet, für den sich in der Wissenschaft der Begriff „Islamophobie" durchgesetzt hat und der Gegenstand verschiedener Studien geworden ist."[12] Dieser Vorurteilskomplex führt meistens zur Ablehnung des Islams, da der Islam ständig mit negativen Themen konfrontiert wird.

Das Forschungsprojekt „Deutsche Zustände" wird seit mehreren Jahren unter Leitung von Wilhelm Heitmeyer durchgeführt. Diese Langzeitstudie beschäftigt sich unter anderem mit den Themen Diskriminierung und Vorurteile gegenüber gesellschaftlichen Minderheiten in Deutschland. Auch muslimische Menschen bilden eine Minderheit in Deutschland, somit wird in den Untersuchungen von Heitmeyer und seinen wissenschaftlichen Mitarbeitern auch das Thema Islamophobie behandelt. In dieser Langzeitstudie wird das Konzept der gruppenbezogenen Menschenfeindlichkeit thematisiert. Das Konzept wird von Heitmeyer folgendermaßen erklärt:

> „Werden Personen aufgrund ihrer gewählten oder zugewiesenen Gruppenzugehörigkeit als ungleichwertig markiert und feindseligen Mentalitäten, der Abwertung und Ausgrenzung ausgesetzt, dann sprechen wir von Gruppenbezogener Menschenfeindlichkeit."[13]

In diese Gruppe gehören auch seit mehreren Jahren in Deutschland lebende Muslime. Aus diesem Grund beschäftigen sich die Sozialwissenschaftlerinnen und Sozialwissenschaftler über die Vorurteile gegenüber Menschen mit muslimischem Migrationshintergrund in Deutschland.[14] Die Vorurteilsforschung ist eng mit den

---

[10] Bergmann, Was sind Vorurteile? 2006.
[11] Vgl. Müller, Die Islamophobie und was sie vom Antisemitismus unterscheidet 2010.
[12] Klug, Feindbild Islam?, Marburg 2010, S. 13.
[13] Heitmeyer, Gruppenbezogene Menschenfeindlichkeit, Frankfurt a.M. 2006, S. 21.
[14] Vgl. Leibold, Fremdenfeindlichkeit und Islamophobie, Wiesbaden 2009, S. 145.

„Begriffen wie Ethnozentrismus, Xenophobie, Ausländerfeindlichkeit und Fremdenfeindlichkeit verbunden."[15] Die Migrantinnen und Migranten mit muslimischem Migrationshintergrund spielen hierbei eine zentrale Rolle, da sie als Ausländer gelten und als fremd angesehen werden. So wurde in der Langzeitstudie von Wilhelm Heitmeyer und co. die Beweggründe hinter den Vorurteilen untersucht. „Voraussetzung für ablehnende Einstellungen und diskriminierendes Verhalten ist die Unterscheidung von Eigen-und Fremdgruppen."[16] Wenn die Positionierung der Eigengruppe von Menschen bedroht wahrgenommen wird, so bilden sie Vorurteile gegenüber Fremdgruppen aus.[17] Hierzu haben Jürgen Leibold und Steffen Kühnel ein Erklärungsmodell für die Bildung der Vorurteile gegenüber Muslime dargestellt, das im vierten Kapitel dieser Arbeit ausführlich dargelegt wird.

Es existieren sehr viele konflikt-und vorurteilsbeladene Bereiche, die seit Jahren mit dem Islam in Verbindung gebracht werden. Sadi Aydin hat diese Vorurteile zusammengefasst und nennt wichtige Punkte, die mit dem Islam in Zusammenhang stehen wie z.b. „*Das Verhältnis von Gewalt und Extremismus zum Islam", „Vereinbarkeit von Demokratie, Menschenrechten, Meinungs-und Religionsfreiheit mit dem Islam", „Interpretation des Korans", „Die Frauenthematik" und „Islamische Religiosität und ihre Praxis".*[18] Nun seit mehreren Jahren wird der Islam mit Gewalt und Extremismus konfrontiert. Vor allem war der 11. September Impulsgeber für eine verbreitete Angst vor dem Islam.[19] Im Hinblick auf Demokratie, Menschenrechte und Meinungsfreiheit hat sich eine Vorstellung in der deutschen Gesellschaft etabliert, „der Islam vertrage sich nicht mit Demokratie und Menschenrechten und seine Lehre wolle die Freiheit der Meinungsäußerung und der Religion unterdrücken."[20] Auffallend ist auch, dass viele nicht muslimische Bürger den Islam als eine Religion wahrnehmen, die alles verbietet.[21] Ein wichtiger Punkt ist die Interpretation des Korans. Denn die Verse, die im Koran stehen, werden falsch verstanden und aus diesem Grund leitet man daraus extremistische Einstellungen.

---

[15] Ebd.
[16] Leibold/Thörner/Gosen/Schmidt, Mehr oder weniger erwünscht?, Berlin 2012, S. 179.
[17] Vgl. ebd.
[18] Vgl. Aydin, Vertrauensbildende Maßnahmen der Muslime und muslimischen Gruppierungen in Deutschland, München 2011, S. 151-158.
[19] Vgl. ebd.
[20] Ebd., S. 153.
[21] Vgl. ebd.

Die Frauenthematik ist ein sehr umstrittenes Gebiet, da man dem Islam vorwirft „eine frauenverachtende Religion zu sein.“[22] Hierbei spielt die Kopftuch-Debatte eine besondere Rolle, da Nichtmuslimen die Wahrnehmung haben, dass das Kopftuch die Unterdrückung der Frau symbolisiert.

Auch die Religionsausübung wurde zu einem Konflikt, da man vielen Muslimen verbietet seine Religion auf der Arbeit oder Schule zu praktizieren.[23] Weiterhin wird kritisiert, dass Muslime ihre Gebete an öffentlichen Einrichtungen verrichten. Aus diesem Grund bilden sich Oppositionen gegen Moscheebau.[24]

Die Folgen dieser konfliktbeladenen Vorurteile sind die Stigmatisierung der Muslime und eine verbreitete Islamophobie. Aus diesem Grund werden in den unten aufgeführten Kapiteln die Definitionen der Stigmatisierung, Islamophobie und Islamfeindlichkeit dargelegt.

2.1 Allgemeine Begriffsdefinition der Stigmatisierung

Stigmatisierung bedeutet, dass in einer Gesellschaft bestimmte Menschen aufgrund ihres Aussehens, ihrer Behinderung oder ihrer Nationalität und Religion negativ bewertet werden. Eine Gesellschaft stellt bestimmte Forderungen an einen Fremden. Diese Forderungen, die eine Gesellschaft stellt, soll der Fremde erfüllen, um sich der Gesellschaft anzupassen. Werden diese Forderungen nicht erfüllt, wird der Fremde von der Gesellschaft stigmatisiert. Erving Goffman bezeichnet, die von der Gesellschaft zugewiesene Charaktereigenschaft als „eine virtuale soziale Identität“.[25] Hierbei verschafft sich eine Person ein Bild von dem Fremden und weist ihm bestimmte Charaktereigenschaften zu. „Die Kategorie und die Attribute, deren Besitz dem Individuum tatsächlich bewiesen werden konnte“[26], bezeichnet Goffman als „aktuale soziale Identität“[27]. Dabei kann es sein, dass dieses Individuum, in das konstituierte Bild nicht passt und die gewünschten Eigenschaften nicht besitzt.[28] Somit wird diese Person als schlecht, gefährlich oder schwach eingestuft und sie wird diskreditiert.[29] Bei so einem

---

[22] Ebd., S. 156.
[23] Vgl. ebd.
[24] Vgl. ebd.
[25] Vgl. Goffman, Stigma, Frankfurt a.M. 1992, S. 10.
[26] Ebd.
[27] Vgl. ebd.
[28] Vgl. ebd.
[29] Vgl. ebd., S. 11.

Fall kommt es zu einer Diskrepanz zwischen „virtualer und sozialer Identität". Goffman sagt, dass diese Handlung ein Stigma ist und definiert den Begriff des Stigmas folgendermaßen:

> Der Terminus Stigma wird also in bezug auf eine Eigenschaft gebraucht werden, die zutiefst diskreditierend ist, aber es sollte gesehen werden, daß es einer Begriffssprache von Relationen, nicht von Eigenschaften bedarf. Ein und dieselbe Eigenschaft vermag den einen Typus zu stigmatisieren, während sie die Normalität eines anderen bestätigt, und ist daher als ein Ding an sich weder kreditierend noch diskreditierend.[30]

Eine Folge der Stigmatisierung ist, dass die stigmatisierten Personen, die negativen Zuschreibungen annehmen. Somit verinnerlichen diese Personen ein Minderwertigkeitsgefühl.[31] Die stigmatisierten Personen distanzieren sich von den Etablierten, um das Stigma zu minimieren. Aber es könnte auch sein, dass der Wunsch entsteht, zu den etablierten Personen zu gehören und so beglaubigen diese die Beschuldigungen der Etablierten gegen die „Außenseiter", um auf die Seite der Etablierten zu wechseln.[32]

> Ein weiteres Reaktionsmuster besteht darin, die erfahrene Stigmatisierung abzuwehren, indem sie „umgedreht" wird und negative Stereotype auf die dominante bzw. etablierte Gruppe übertragen und so an die stigmatisierende Instanz zurückzugeben werden.[33]

Dadurch entstehen Konflikte, da beide Gruppen bestimmte Vorurteile gegenseitig haben. Diese Konflikte erschweren ein friedliches Zusammenleben und vor allem lösen sie eine gegenseitige Fremdenfeindlichkeit aus. Da beide Gruppen sich gegenseitig fremd betrachten.

Muslimische Menschen werden öfters aufgrund ihres Glaubens und ihrer Nationalität stigmatisiert, da sie in Deutschland als ein „Fremder" betrachtet werden. Vor allem werden negative Ereignisse mit dem Islam in Verbindung gebracht und diese führen weiterhin zu einer Stigmatisierung der muslimischen Menschen. Die Übergriffe in der Silvesternacht am 31.12.15 gegen Frauen führten dazu, dass Muslime unter Generalverdacht standen.[34] So hat sich auch eine Angst vor den muslimischen Männern in der deutschen Gesellschaft etabliert und der Vorfall wurde auf die gesamten muslimischen Männer übertragen. Weiterhin hat Frankreich im Jahre 2016 ein Burkini-

---

[30] Ebd.
[31] Vgl. Shooman, Auswirkungen rassistischer und islamfeindlicher Zuschreibungen auf Muslime in Deutschland.
[32] Vgl. ebd.
[33] Ebd.
[34] Vgl. URL: http://www.pfaelzischer-merkur.de/landespolitik/Landespolitik-Mainz-Gesellschaft-und-Bevoelkerungsgruppen-Muslime-Verbaende;art27452,6056065

Verbot eingeführt. Muslimische Frauen dürfen keinen Burkini mehr an den Stränden tragen.[35] Dieses Ereignis ist eine weitere Stigmatisierung der muslimischen Menschen bzw. in diesem Fall der muslimischen Frauen. Muslimische Frauen werden generell wegen ihres Kopftuches häufig in der Öffentlichkeit diskutiert, ob sie in die deutsche Gesellschaft passen oder nicht.

2.2 Allgemeine Begriffsdefinition der Islamophobie

In den letzten Jahren haben sich Begriffe wie Islamophobie und Islamfeindlichkeit in dem Themenfeld der Islamdebatte etabliert. Die Begriffe Islamophobie und Islamfeindlichkeit werden meistens synonym verwendet. Dennoch sollte man grundsätzlich die beiden Begriffe voneinander trennen, da sie unterschiedliche Definitionen aufweisen. Im Jahre 1997 wurde die Bezeichnung der Islamophobie in einem Bericht des britischen Runnymede Trust mit dem Titel „Islamophobia: A Challenge for Us All" zum Vorschein gebracht.[36]

> In Anlehnung an den englischen Begriff „xenophobia" für Fremdenfeindlichkeit wurde das Wort benutzt, um anti-islamische Einstellungen und Verhaltensweisen wie pauschale Ängste, Vorurteile und Haß gegenüber Muslimen zu benennen.[37]

Somit hat sich der Begriff der Islamophobie „für die Beschreibung von Vorurteilen und diskriminierenden Verhaltensweisen gegenüber muslimischen Personen etabliert."[38] Islamophobie besteht aus zwei Wörtern, das erste Wort lautet Islam und dies kennzeichnet die Religion der Muslime.[39] Das zweite Wort lautet „Phobie" und bedeutet nach dem Altgriechischen „Angst".[40] „Demnach meint „Islamophobie" ein auf den Islam oder die Muslime bezogenes stark ausgeprägtes Gefühl von Furcht, das über ein als angemessen oder normal geltendes Maß hinausgeht."[41] Nach Armin Pfahl-Traughber ist es unangemessen, für die feindlichen Einstellungen gegenüber Muslime den Begriff der Islamophobie zu verwenden[42]. Auch Heitmeyer versteht unter dem Begriff der Islamophobie „die Angst vor den muslimischen Menschen" und definiert Islamophobie

---

[35] Vgl. URL: http://www.spiegel.de/politik/ausland/frankreich-innenminister-bernard-cazeneuve-nennt-burkini-verbot-verfassungswidrig-a-1109843.html
[36] Vgl. Cetin, Homophobie und Islamophobie, Bielefeld 2012, S. 44.
[37] Leibold/Kühnel, Islamophobie, Frankfurt a.M. 2003, S. 101.
[38] Leibold, Fremdenfeindlichkeit und Islamophobie, Wiesbaden 2009, S. 145.
[39] Vgl. Pfahl-Traughber, Islamfeindlichkeit, Islamophobie, Islamkritik 2014.
[40] Vgl. ebd.
[41] Ebd.
[42] Ebd.

folgendermaßen: „*Islamophobie* umfaßt die Ablehnung und Angst vor Muslimen, ihrer Kultur sowie ihren öffentlichen, politischen und religiösen Aktivitäten."[43] Demnach bezeichnet die Islamophobie eine stark ausgeprägte Furcht vor dem Islam. Dies hat zur Folge, dass Vorurteile gegenüber Muslime entstehen. Eine weitere Folge ist die Ablehnung des Islams.

2.3 Allgemeine Begriffsdefinition der Islamfeindlichkeit

Im Gegensatz zu Islamophobie, handelt es sich bei dem Begriff der Islamfeindlichkeit, um eine Abwertung und Benachteiligung des Islams. Demnach bezeichnet Islamfeindlichkeit nach Peucker und Bielefeldt negativ-stereotype Haltungen gegenüber dem Islam.[44] Islamfeindliche Einstellungen führen zu einer intoleranten Haltung gegenüber den Muslimen, „weil sie dem Islam als zugehörig zugeschrieben werden."[45] Dabei hängen islamfeindliche Einstellungen stark von den Vorurteilen ab. Beate Küpper, Andreas Zick und Andreas Hövermann berichten in ihrem Aufsatz „Islamfeindlichkeit in Deutschland und Europa", dass das Vorurteil in diesem Sinne drei Facetten hat und sich „in Emotionen (Ärger, Ekel etc.), Gedanken (Überfremdung, Unterdrückung etc.) oder Verhaltensweisen (aus dem Weg gehen, nicht helfen etc.) gegen Muslime im Sinne eines Anti-Muslime-Vorurteils oder gegen den Islam im Sinne eines Anti-Islam-Vorurteils"[46] richten. So wird der Islamfeindlichkeit Islamismus, Terrorismus und Nicht-Integration unterstellt.[47] Das Vorurteil untersucht aber nicht, ob diese Vorwürfe in Wirklichkeit stimmen und fragt auch nicht nach den Ursachen, so teilt man dem Islam negative Stereotypen zu.[48] Die negativen Stereotype führen zur Abwertung und somit zur Ungleichwertigkeit.

---

[43] Heitmeyer, Das Konzept der *Gruppenbezogenen Menschenfeindlichkeit*, Frankfurt a.M. 2008, S. 19.
[44] Vgl. Peucker, Islamfeindlichkeit – die empirischen Grundlagen, Wiesbaden 2009, S. 159.
[45] Küpper/Zick/Hövermann, Islamfeindlichkeit in Deutschland und Europa 2013.
[46] Ebd.
[47] Vgl. ebd.
[48] Vgl. ebd.

3. Die Rolle der Medien

Die Medien sind eine besonders einflussreiche Hauptinformationsquelle. Aus diesem Grund sind sie ein wichtiger Faktor bei der Bildung bestimmter Vorurteile gegenüber Menschen mit muslimischen Migrationshintergrund. Betrachtet man die zahlreichen Untersuchungen über Migrantendarstellung in den Medien, so sieht man, dass Migranten häufig als Problemgruppen dargestellt werden. Der Begriff „Kriminalität" wird häufig in Verbindung mit Migranten gebracht. So werden Migranten übermäßig negativ dargestellt als deutsche Bürger.[49] Von daher spricht die Kommunikationsforschung auch von einem „Negativismus" bei der medialen Darstellung von Migranten.[50] Negativismus bedeutet in diesem Zusammenhang eine strikte Ablehnung von Migranten und hat drei wichtige Aspekte. Erstens werden Migranten verstärkt als finanzielle Belastung für den deutschen Staat gesehen.[51] Zweitens werden Migranten als Problemgruppen wahrgenommen.[52] Zuletzt werden sie als Bedrohung für die öffentliche Sicherheit wahrgenommen und „sehr häufig als Kriminelle und Gewalttäter präsentiert – als Schläger, Einbrecher, Geiselnehmer, Erpresser, Mörder, Sexualstraftäter, seit dem 11. September 2001 häufig als Terroristen."[53] In den unten aufgeführten Kapiteln wird die Darstellung des Islams in den deutschen Medien analysiert und untersucht welches Islambild die Medien vermitteln.

3.1. Islam in den deutschen Medien

Die Darstellung des Islams spielt in den Medien eine besondere Rolle. Aus diesem Grund haben Medien einen großen Einfluss bei der Wahrnehmung des Islams. Der Islam wird häufig in den Medien diskutiert und mit negativen Assoziationen in Verbindung gebracht und somit hat er auch seit mehreren Jahren ein negatives Bild in den deutschen Medien. Die Stereotypen, die im zweiten Kapitel dieser Arbeit benannt wurden, werden in den Medien oft zum Vorschein gebracht. Bestimmte Klischees wie z.B. „Aggressivität und Brutalität, Fanatismus, Irrationalität, mittelalterliche Rückständigkeit und Frauenfeindlichkeit"[54] sind in den Schlagzeilen der Medien öfters zu sehen. Seit Jahren

---

[49] Vgl. Lünenborg/Fritsche/Bach, Migrantinnen in den Medien, Bielefeld 2011, S. 22.
[50] Vgl. Geißler, Migration, Integration und Medien 2014.
[51] Vgl. Lünenborg/Fritsche/Bach, Migrantinnen in den Medien, Bielefeld 2011, S. 23./Geißler, Migration, Integration und Medien 2014.
[52] Ebd.
[53] Geißler, Migration, Integration und Medien 2014.
[54] Lueg, Der Islam in den Medien, Hamburg 2002, S. 17.

wird in den Medien diskutiert, ob eine kopftuchtragende Frau als Lehrerin vor einer Klasse stehen darf oder die muslimischen Schülerinnen und Schüler einen Islamunterricht erhalten sollen oder nicht. Muslimische Frauen beschäftigen die Medien öfters. Vor allem kommt die Diskussion über das Kopftuch tragen einer muslimischen Frau seit mehreren Jahren zum Vorschein. Das Kopftuch symbolisiert in den Medien die Unterdrückung einer muslimischen Frau. „Die Bilder von der unterdrückten, verschleierten muslimischen Frau, von der sich selbstbewußt verschleiernden, gläubigen muslimischen Frau oder von der emanzipierten, freien westlichen Frau [...]"[55] werden in den Medien öfters dargestellt. Weiterhin wird debattiert, ob die Moschee ins deutsche Stadtbild passt und die muslimischen Arbeitnehmerinnen und Arbeitnehmer ihr Gebet in den Pausen verrichten dürfen.[56] Betrachtet man die zahlreichen Studien, die über den Islam berichten, so sieht man, dass ein „Feindbild Islam" in der deutschen Öffentlichkeit existiert.[57] Hier nehmen die Medien eine wichtige Position auf, denn das Wissen über den Islam erwirbt ein unerfahrener Mensch aus den Medien. „Nach den Anschlägen vom 11. September wurde Islamangst mehr als jemals zuvor zum Thema der öffentlichen Diskussion – so sehr, dass ihre vorherige Existenz teilweise schon dem Bewusstsein entfallen ist."[58] Vor allem haben sich dadurch Begriffe wie „muslimische Extremisten", „muslimischer Terror" und „islamistischer Terror" in den deutschen Medien etabliert. Dirk Halm und co. berichten, dass es schon vor dem 11. September ein negatives Bild herrschte.[59] Ihre Aussage unterstützen sie mit der Studie von Sabine Schiffer, die belegt, „dass die Berichterstattung über den islamistischen Terrorismus nach dem 11. September keine neue Debatte etabliert, sondern ein negatives Islambild bestätigt und vertieft hat."[60]
Die Anschläge vom 07.01.2015 an „Charlie Hebdo" und vom 13.11.2015 an verschiedenen Orten in Paris sorgten für weitere Aufregungen und diese führten weiterhin zur Ablehnung des Islams. Auch der Terroranschlag vom 16.06.2016 in Nizza hat die ablehnende Haltung gegenüber dem Islam weiterhin verschärft. Des Weiteren waren auch andere europäische Länder von diesen Terroranschlägen betroffen, wie z.B. Dänemark, Belgien und die Türkei.

---

[55] Naggar, Ich bin frei, du bist unterdrückt, Gütersloh 1994, S. 208.
[56] Vgl. Hoffmann, Islam in den Medien 2001, S. 448.
[57] Vgl. Klug, Feindbild Islam?, Marburg 2010 und Hoffmann, Islam in den Medien 2001.
[58] Aydin, Vertrauensbildende Maßnahmen der Muslime und muslimischen Gruppierungen in Deutschland, München 2011, S. 49.
[59] Vgl. Halm/Liakova/Yetik, Pauschale Islamfeindlichkeit?, Münster 2007, S. 17.
[60] Ebd.

Hierbei wurden Sätze wie „eine islamistisch motivierte Anschlagsserie erschütterte Paris am Abend des 13.11.2015 November 2015"[61] oder „Ausgerechnet aus dem kleinen Belgien kommen besonders viele islamistische Terroristen"[62], aber auch Schlagzeilen wie z.B. „Islamistischer Terror"[63] und „Islamisten unter Beobachtung"[64] in den Medien aufgeführt. Die Folge dieser negativen Berichterstattungen ist die verstärkte Islamophobie.

Nun stellt sich die Frage, wie sich das negative Islambild in den deutschen Medien etabliert hat. Dabei spielt die Auslandsberichterstattung eine zentrale Rolle, da das Islambild in Deutschland von ihr geprägt wird.

> Die Erfordernisse interdisziplinärer Forschung, der hohe Arbeitsaufwand empirischer Medienanalysen und die Komplexität theoretischer Herangehensweisen von Untersuchungen über die Produkte, Entstehungs- und Wirkungsbedingungen der Auslandsberichterstattung haben dazu beigetragen, daß der bisherige Forschungsstand zur Nah-, Mittelost-, Nordafrika- und Islamberichterstattung deutscher Medien in hohem Maße defizitär erscheint.[65]

Bestimmte Themenbereiche, die in Bezug zum Islam stehen, wurden in den deutschen Medien seit mehreren Jahren thematisiert. Der Golfkrieg ist in diesem Fall das meist erforschte Gebiet im Zusammenhang zur Islamberichterstattung. Während des ersten und zweiten Golfkrieges wurden die muslimischen Menschen in den westlichen Ländern misstrauisch und feindselig angesehen.[66] Auch der Nahostkonflikt zählt zu den meist erforschten Gebieten und spielte auch eine wichtige Rolle, bei der negativen Islamberichterstattung. Allgemein führten diese Konflikte in den muslimischen Ländern, zu einem negativen Islambild in den westlichen Ländern.

Weiterhin spielen auch die Islamkritikerinnen und Islamkritiker eine besondere Rolle in den Medien. Denn Medien bieten ihnen als Interviewgast eine Plattform an, in der sie ihre Publikationen über den Islam veröffentlichen können.[67] Dennoch haben diese Islamkritikerinnen und Islamkritiker unter den Namen Mina Ahadi, Henryk Broder, Ralph Giordano, Necla Kelek und Alice Schwarzer, wie Thorsten Gerald Schneiders

---

[61] Vgl. URL: http://www.sueddeutsche.de/thema/Terror_in_Paris
[62] Vgl. URL: http://www.sueddeutsche.de/politik/terroranschlaege-in-bruessel-warum-belgien-1.2918996
[63] Vgl. URL: http://www.spiegel.de/thema/islamistischer_terrorismus/
[64] Vgl. http://www.n-tv.de/politik/Offenbar-Terroranschlag-in-Paris-verhindert-article17240861.html
[65] Hafez, Die politische Dimension der Auslandsberichterstattung, Baden-Baden 2002, S. 12.
[66] Vgl. Auernheimer, Ungleichheit erkennen, Anderssein anerkennen!, Berlin 2012, S. 236.
[67] Vgl. Schneiders, Die Schattenseite der Islamkritik, Wiesbaden, S.403.

berichtet, keine islamwissenschaftliche Ausbildung absolviert.[68] „Auch ist nicht bekannt, dass einer unter ihnen die arabische Sprache als Basis für unabhängige und sachliche Auseinandersetzungen mit der Religion des Islam beherrscht."[69]

Unter anderem existieren viele antiislamische Webseiten. Diese Webseiten haben auch einen großen Einfluss bei der negativen Wahrnehmung des Islams. Eine von diesen Webseiten nennt sich Politically Incorrect. Sie sticht aufgrund ihrer Besucherzahl besonders heraus.[70] Ein Beitrag lautet z.B. folgendermaßen:

> Es gab einmal eine Zeit, da waren Moslems in Europa eine interessante Farbe und vielleicht auch eine kulturelle Bereicherung. Inzwischen hat sich jedoch in ganz Europa eine islamische Indoktrination und freche Anmaßung breitgemacht. Tausende von Moscheen dienen vor allem diesem Zwecke. Mit den Moscheen und ihren Predigern sind auch massive Menschenrechtsverletzungen wie Zwangsehen und Ehrenmorde zu uns gekommen. Frauen, Juden und „Ungläubige" werden nicht nur verbal diskriminiert, sondern auch tatsächlich angegriffen.[71]

Hierbei sieht man, dass erst versucht wird, den Islam am Anfang positiv darzustellen. Im Weiteren wird aber berichtet, dass der Islam Folgen mit sich gebracht hat, wie Islamisierung Deutschlands. Außerdem wird noch beschrieben, dass Moscheen Schuld an massiven Menschenrechtsverletzungen sind und Moscheen hätten Zwangsehen und Ehrenmorde nach Deutschland gebracht. Auf dieser Website wird deutlich geäußert, dass sie die Befürchtung haben, der Islam würde ihre Rechte einschränken und sie in zwei, drei Jahrzehnten in einer islamisch geprägten Gesellschaftsordnung leben müssen.[72] Betrachtet man diese Webseite, so sieht man, dass sie einen großen Einfluss bei der negativen Wahrnehmung des Islams hat. Jemand, der zu einem negativen Islambild neigt, wird wahrscheinlich durch diese Webseite, sich ablehnend gegenüber den Muslimen verhalten.

Der Karikaturenstreit am 30. September 2005 sorgte für Konflikte und Aufregungen. In der dänischen Zeitung „Jyllands-Posten" wurde eine Serie von 12 Karikaturen zu Mohammed veröffentlicht. Die Veröffentlichung dieser Karikaturen wurde von der islamischen Welt kritisiert und viele Muslime sind auf Demonstrationen gegangen, um

---

[68] Vgl. ebd.
[69] Ebd.
[70] Vgl. Schiffer, Grenzenloser Hass im Internet, Wiesbaden 2009, S. 343.
[71] URL: http://www.pi-news.net/leitlinien/
[72] Siehe ebd.

die dänische Zeitung zu kritisieren. Hierbei beteiligten sich alle Zeitungen des „Mitte-Rechts-Links"-Spektrums.[73] Siegfried Jäger bestätigt, dass die dänische Zeitung die Ausländer diskriminieren wollte und die Karikaturen eindeutig rassistisch waren.[74] Weltweit haben Medien über dieses Ereignis berichtet und bezogen sich auf die Presse- und Meinungsfreiheit. Somit kritisierten sie die Reaktion der Muslime. Dies war eine weitere Folge für die verschärfte Islamophobie und auch Islamfeindlichkeit.

Im Weiteren werden in der vorliegenden Arbeit, drei Untersuchungen vorgestellt, die sich mit der Darstellung des Islams in den Medien befasst haben. Diese drei Untersuchungen werden in der vorliegenden Arbeit behandelt, um beurteilen zu können, wie wichtig die Rolle der Medien bei der Wahrnehmung des Islams ist.

3.2 Sabine Schiffer: Die Darstellung des Islam in der Presse

Sabine Schiffer beschäftigt sich mit den Themen wie Islamfeindlichkeit, Antisemitismus, Sexismus und Rassismus. Vor allem befasst sie sich mit der Diskriminierung von Minderheiten. Hierbei untersucht sie die Darstellung der Minderheiten in den deutschen Medien. Im Jahre 2003 verfasste sie ihre Untersuchung über die Darstellung des Islams in der Presse. Zunächst beschreibt sie die Einstellungen zu Islam und Muslimen und stellt dabei fest, dass der Islam vorwiegend negativ bewertet wird.[75] Als Grund hierfür führt sie auf, dass viele nicht muslimische Menschen keinen direkten Kontakt zu muslimischen Bürgern haben und ihr Islambild überwiegend durch Sekundärerfahrung geprägt wird. Weiterhin berichtet sie, dass die Alltagserfahrungen der Muslime keine Rolle in den deutschen Medien spielen, sondern folgende Themen wie „Minarettstreitigkeiten beim Moscheenbau und Fragen nach islamischem Religionsunterricht an deutschen Schulen sowie neuerdings die Problematik, ob kopftuchtragende Lehrerinnen unterrichten dürfen."[76] Nach der Beschreibung der Einstellungen, berichtet Schiffer über die Rolle der Medien und bezeichnet sie als „Spiegel und Konstrukteur der Realität".[77] Laut Schiffer beeinflussen Medien die Wahrnehmung eines Menschen sehr stark und so vertritt sie die Meinung, dass Rassismus durch den Mediendiskurs verstärkt wird.[78] Sie berichtet auch, dass die Realität durch Medien ausgeblendet wird. Somit wird nur ein Teil von einem

---

[73] Vgl. Jäger, Pressefreiheit und Rassismus. Der Karikaturenstreit in der deutschen Presse, Wiesbaden 2009, S. 305.
[74] Vgl. ebd.
[75] Vgl. Schiffer, Die Darstellung des Islams in der Presse, Würzburg 2004, S. 8.
[76] Ebd.
[77] Vgl. ebd., S. 9-14.
[78] Vgl. ebd., S. 25.

bestimmten Thema dargestellt und Menschen werden dadurch manipuliert. Dies führt eben zur Stereotypenbildung.

Ein Medienpublikum hält die dargebotenen Informationen immer pars-pro-toto für eine Schilderung der Gesamtsituation. Aus diesem intuitiven wie naiven Vorgang entstehen Hypothesen über den gesamten Sachverhalt, die diesem nicht entsprechen, aber Realitätscharakter erhalten, entsprechend der Epistemologie VERÖFFENTLICHEN IST ÜBERZEUGEN.[79]

Der Islam wird in den Medien vorwiegend mit negativen Begriffen in Verbindung gebracht, wie z.b. Gewalt und Terror.[80] Vor allem wird immer wieder das Bild „ISLAM versus WESTEN" zum Vorschein gebracht.[81] Aus diesem Grund entstehen Vorurteile und Menschen verbinden Krieg und Gewaltthemen mit dem Islam. Um diese Vorurteile zu verhindern, schlägt Schiffer vor, sich mit dem Medienauswahl genauer auseinanderzusetzen. Denn auch seriöse Medien stellen zum Teil nicht die Realität dar und lösen Islamfeindlichkeit aus.

In einem Exkurs stellt Schiffer dar, dass islamische Glaubensgrundsätze verkürzt werden. Die Folgen der verkürzten Glaubenssätze sind, dass nicht muslimische Menschen ein negatives Bild vom Islam bekommen. Wenn eine Wahrnehmung einmal beeinflusst wird, kann man sie nicht mehr leicht ändern. Negative Wahrnehmungen führen eben zu negativen Einstellungen gegenüber Islam und Muslime. Außerdem entsteht in den meisten Fällen eine Feindseligkeit, da man ständig negative Bilder und verkürzte Glaubenssätze in den Medien sieht. Schiffer betont, dass erworbenes Wissen die Wahrnehmung stark beeinflusst und da die meisten Menschen sich über den Islam aus Medien informieren, können sich Einstellungen immer negativer entwickeln.

Unser Wissen, das sich in unseren Einstellungen und Vorurteilen niederschlägt, bestimmt entscheidend unsere Sicht der Welt, die sich aus primärer Eigenerfahrung und sekundärer Medienerfahrung konstituiert.[82]

Im Weiteren führt sie eine detaillierte Analyse von Bildern und Texten der Qualitätszeitungen, die über den Islam berichten. Sie untersucht weiterhin die Bild-Bild-Relation und Bild-Text-Relation, denn diese regen die Aufmerksamkeit eines Menschen besonders auf. Wenn z.B. in einer Zeitung oder in einem Magazin, eine Frau mit einem

---

[79] Ebd., S. 32.
[80] Vgl. ebd., S. 31.
[81] Vgl. ebd.
[82] Ebd., S. 43.

Ganzkörperschleier dargestellt wird, auch noch schwarz umhüllt und darunter ein Text steht, der lautet:

> Terroristische Reaktionäre des Islam attackieren nicht nur Fremde und Ungläubige, sondern vor allem friedliche Glaubensbrüder, die sich für die längst überfällige Modernisierung ihrer Religion einsetzen. Der Ausgang des Ringens um Erneuerung wird darüber entscheiden, ob sich der Welt im dritten Jahrtausend eher das Antlitz des Islam oder die Fratze des Islamismus zeigt.[83]

So steht die verschleierte Frau als Symbol für den Islam und der Text deutet daraufhin, dass der Islam eine Bedrohung ist. Schiffer beschreibt, dass dieser Text zwei Seiten hat. Während die eine Seite die Idee von „GEWALT und EXTREMISMUS (inklusive FRAUENUNTERDRÜCKUNG" durch den Schatten des bewaffneten Terroristen aktualisiert[84], stellt die andere Seite des Textes, dass auch friedliche Muslime geben, die für Modernisierung kämpfen und auch von „islamistischen Terroristen" angegriffen werden. Aber ein flüchtiger Leser würde seine Aufmerksamkeit direkt dem Bild der verschleierten Frau schenken und das Wort „Terror" wahrnehmen. Somit würde ein erstes Bild vom Islam entstehen. Schiffer führt weiterhin aus, dass dem Islam durch diese Beiträge bestimmte Eigenschaften zugeschrieben werden, die nicht leicht zu verändern sind. Aus diesem Grund darf das gelayoutete Wahrnehmungsangebot nicht unterschätzt werden.[85] Zusammenfassend stellt Sabine Schiffer fest, dass Sprache und Bilder in den Medien, die Wahrnehmung eines Menschen stark manipuliert. Wenn der Islam immer wieder thematisiert wird, so können bereits erworbene Meinungen dazu führen, sich ablehnend gegenüber Muslime und Islam zu verhalten. Sie kritisiert die Medien, in dem sie in ihrem Aufsatz „Islam in deutschen Medien" schreibt, dass Medien zu einer antiislamischen Stimmung beigetragen haben.[86] Vor allem berichtet sie über eine belegte Studie vom Institut für Kommunikationswissenschaft der Universität Jena, „die Wolfgang Frindte und Nicole Haußecker unter dem Titel „Inszenierter Terrorismus" 2010 herausgaben"[87], dass Menschen keine Angst vor dem Terror aufweisen, sondern Angst vor dem Islam haben. Da das Thema „Terrorismus" in den Medien immer wieder mit dem Islam in Verbindung gesetzt wird. Zum Schluss teilt sie noch mit, dass Medien einen konstruktiven Beitrag leisten müssten, um Vorurteile zu verhindern. „Ohne die

---

[83] Ebd., S. 86.
[84] Vgl. ebd. ,S. 86.
[85] Vgl. ebd., S. 102.
[86] Vgl. Schiffer, Islam in deutschen Medien, Düsseldorf 2013, S. 124.
[87] Ebd., S. 125.

konstruktive Mitarbeit von Medienschaffenden hingegen können hier keine Erfolge erzielt werden."[88]

3.3 Kai Hafez und Carola Richter: Das Islambild von ARD und ZDF

Kai Hafez ist ein deutscher Medien- und Kommunikationswissenschaftler und beschäftigt sich seit längerem mit dem Thema Islam. Neben Journalistik, Politikwissenschaften und Geschichte, studierte er auch Islamwissenschaften. Über einen längeren Zeitraum vom 1. Juli 2005 bis zum 31. Dezember 2006 führte er mit Carola Richter zusammen, eine Untersuchung über die „Thematisierungsanlässe und Talkshows sowie Dokumentationen und Reportagen von ARD (Das Erste) und ZDF."[89] Hierbei wurde untersucht, wie das Islambild in diesen Sendungen vermittelt wurde.

Zunächst schildern die beiden Autoren, wie das Bild vom Islam generell in den Medien dargestellt wird. Auch berichten sie, wie Sabine Schiffer, dass der Islam sich als eine Thematik erwiesen hat, über die deutlich konfliktorientierter informiert wird als andere Themen.[90] Als Ursache für die negative Darstellung führen sie aus, dass der Islam nach dem 11. September 2001 „in hohem Maße mit Gewalt-und Konfliktthemen wie dem internationalen Terrorismus in Verbindung" gebracht wurde.[91] So wie Sabine Schiffer, teilen sie mit, dass die meisten nicht muslimischen Bürger keinen direkten Kontakt zur islamischen Welt haben und ihr Islambild dadurch sehr stark von den Massenmedien geprägt wird.

In ihrer Untersuchung kamen sie auf das Ergebnis, dass der Islam in diesem Zeitraum in den 133 Sendungen und Einzelbeiträgen in Erscheinung trat. Das Ergebnis ist sehr auffallend, da 81 Prozent dieser Sendungen den Islam im negativen Zusammenhang präsentierten und 19 Prozent stellten ein neutrales oder positives Themenspektrum dar.[92] Weiterhin schildern die Autoren, in welchem thematischen Zusammenhang die Sendungen den Islam in Verbindung gebracht haben und stellen fest, dass der Themenbereich Terrorismus/Extremismus in Bezug auf den Islam häufig zum Vorschein kam. In den Jahren 2005 und 2006 hat sich 23 Prozent der Islambeiträge mit diesem Themenbereich beschäftigt. Auffälliger sind die restlichen Islamthemen, die überwiegend

---

[88] Ebd., S. 244.
[89] Hafez/Richter, Das Islambild von ARD und ZDF 2007, S. 40.
[90] Vgl. ebd.
[91] Ebd.
[92] Vgl. ebd., S.41.

konfliktorientiert präsentiert wurden. Die folgenden Themenkategorien werden von den Autoren zusammengefasst:

„internationale Konflikte (17%), Integrationsprobleme (16 Prozent), religiöse Intoleranz (10%), Fundamentalismus/Islamisierung (7%), Frauen/Unterdrückung/Emanzipation (4%) und Menschenrechtsverletzungen/Demokratiedefizite (4%)."[93] Somit wurde der Islam überwiegend mit Gewalt und Gesellschaftskonflikten zum Vorschein gebracht. Dabei stellen die Autoren auch fest, dass neutrale oder positive Themenfelder wie z.b. Alltag/Soziales 8 Prozent oder Fragen der Kultur und der Religion 11 Prozent im Vordergrund standen.

In dem Untersuchungsraum wurden verschiedene Themen in den Medien behandelt. Die wichtigsten Vorfälle waren: „Juli 2005 – Anschläge in London, Januar 2006 – Integrationsdebatte (Einbürgerungstest), Februar 2006 – Karikaturenstreit, August 2006 – Kofferbomber in Deutschland, September 2006 – Absetzung der Idomeneo-Oper in Berlin, Islamkonferenz und Papstrede in Regensburg, November/Dezember 2006 – Papstbesuch in der Türkei."[94] Diese Vorfälle führten eben dazu, dass Menschen sich bedroht vom Islam fühlten und Sicherheitsbedürfnisse hatten. Es wurde Titeln wie z.b. „Gefährliche Islamisten", Hassprediger in Deutschland", „Terroristen als Nachbarn" oder „Nachwuchs für die Parallelgesellschaft" in den Magazinen übernommen, um mehr Aufmerksamkeit zu regen.[95] Also wurde der Islam zum größten Anteil negativ bewertet und vergleicht man die beiden Sendungen ARD und ZDF, so stellt man fest, dass die ARD den Islam zwar öfter thematisierte als das ZDF, dennoch hatten beide Sender einen ähnlich großen Anteil bei der negativen Darstellung des Islams.[96]

Weiterhin bestätigte die Untersuchung, dass politische Magazin-und Talksendungen in diesem Untersuchungsraum überwiegend über Negativthemen berichteten. Die Autoren betrachten vor allem „die „Islamisierung" politischer Sachverhalte in den Magazinsendungen auffällig und problematisch."[97] Da sie hierbei die Gefahr einer Islamverdrossenheit erkennen.

---

[93] Ebd.
[94] Ebd.
[95] Vgl. ebd.
[96] Vgl. ebd., S. 42.
[97] Ebd., 43.

Diese Kulturalisierung politischer Themen und die Fokussierung auf Negativaspekte in der Berichterstattung über Muslime birgt ohne jeden Zweifel die Gefahr, eine sehr einseitige öffentliche Debatte und – in Analogie zur viel besprochenen „Politikverdrossenheit" – eine Art „Islamverdrossenheit" beim Publikum erzeugen.[98]

Darüber hinaus wurden unterschiedliche Magazinformate analysiert. Die Untersuchungsergebnisse zeigen, dass eine kleinere Büchersendung wie Druckfrisch sich auf allgemeine kulturelle Werke bezog, während die großen Magazinsendungen sich auf negative Aspekte des politischen Journalismus konzentrierten.[99]

> Integrationsprobleme oder der vorgebliche „Kampf der Kulturen" zwischen dem Islam und dem Westen werden hier aus der Perspektive des Kunst- und Literaturbetriebs dupliziert – eine eigenständige Themenfindung im großen Spektrum der zeitgenössischen orientalischen Kultur mit ihren zahlreichen Buchmessen, Filmfestspielen und religiös-kulturellen Ausprägungen findet im Grunde nicht statt.[100]

Unter anderem wurden auch die Inhalte der Auslandsmagazine dargestellt und dabei kamen die Autoren auf das Ergebnis, dass unterschiedliche Sendungen dargestellt wurden. Im Gegensatz zu ARD-Sendung Weltspiegel, die überwiegend eine Negativagenda verfolgte, bemühte „sich das Auslandsjournal des ZDF sichtbar um eine interne Differenzierung der Agenda und setzte im Untersuchungszeitraum in die übliche Konfliktagenda Themen wie: weibliche Fußballfans in Iran; erster Muslim im amerikanischen Kongress oder Aufklärungsshow in Ägypten."[101] In diesem Zusammenhang kritisieren die Autoren, dass es der Weltspiegel-Redaktion nicht gelungen ist, eine neutrale oder positive Thematisierung des Islam darzustellen. Unter anderem konzentrierte sich das Europamagazin in dem Untersuchungszeitraum auf Aspekte wie „Integrationsprobleme von Muslimen" oder „eine fortschreitende Islamisierung der Türkei."[102]

Auch in der Frauensendung ML Mona Lisa traten die muslimischen Frauen entweder als Opfer männlicher Unterdrückung oder als radikale Islamistinnen auf.[103] In den untersuchten Sendungen sind keine Beiträge enthalten, die muslimischen Frauen unabhängig von ihrer Religion darstellten.[104] Auffallend ist auch die Darstellung des

---

[98] Ebd.
[99] Vgl. ebd.
[100] Ebd.
[101] Ebd.
[102] Vgl. ebd.
[103] Vgl. ebd.
[104] Vgl. ebd.

Islams in der Kirchensendung, denn diese positionierte „sich gegenüber dem Islam erst dann, wenn der Islam auf der negativen Themenagenda der Medien" stand.[105]

Zusammenfassend stellten die Autoren Kai Hafez und Carola Richter fest, dass in der Gesamtschau die Darstellung des Islams in den Magazin- und Talksendungen als auch in Dokumentationen und Reportagen über 80 Prozent an einem Bild fokussiert war, in dem der Islam als eine Bedrohung und Problematik in Politik und Gesellschaft in Erscheinung trat.[106] Der Islam erhält sehr viel Aufmerksamkeit als andere Religionen. Vor allem erscheinen Themen wie „islamischer Terrorismus", „religiöse Intoleranz" und „Gewalt gegen Frauen" besonders attraktiv in der Auseinandersetzung mit dem Islam.[107] Da diese Themen ein besonderes Interesse in Deutschland erwecken.

Am Ende ihrer Untersuchung üben die beiden Autoren Kritik an Islamdarstellung von ARD und ZDF aus, da diese sich selbst als Vorbildmedien definieren, aber nicht zu einer neutralen Vermittlung neigen.

> Statt einen neutralen Informationsansatz zu verfolgen, ist die sehr einseitige thematische Auswahl in den Magazin- und Talksendungen sowie Dokumentationen und Reportagen von ARD und ZDF dazu geeignet, eine in weiten Teilen der deutschen Bevölkerung bereits vorhandene Vorurteilsbereitschaft gegenüber dem Islam und die demoskopisch messbare „Islamangst" in Deutschland weiter zu steigern.[108]

Des Weiteren führen die Autoren weiter aus, dass in den Sendungen von ARD und ZDF neue Eckwerte der Islamberichterstattung stattfinden soll, da auch andere Sender und Medien von ARD und ZDF beeinflusst werden. Also vertreten auch Kai Hafez und Carola Richter die Meinung, dass Medien eine wichtige Funktion bei der Islamberichterstattung haben.

3.4 Sachverständigenrat deutscher Stiftungen – Muslime in der Mehrheitsgesellschaft: Medienbild und Alltagserfahrungen in Deutschland

Der Sachverständigenrat deutscher Stiftungen untersuchte, „wie die Einwanderungsgesellschaft in Deutschland die Medienberichterstattung über

---

[105] Ebd.
[106] Vgl. ebd., S.44.
[107] Vgl. ebd., S. 45.
[108] Ebd., S. 46.

verschiedene „muslimische" Zuwanderergruppen wahrnimmt."[109] Die Untersuchung wurde im Jahre 2012 durchgeführt und im Jahre 2013 veröffentlicht.

Bevor sie auf die Analyse der Untersuchungsfrage eingehen, wird die Darstellung von „Ausländern" und „Muslimen" in den deutschen Medien beschrieben. Hierbei schildern sie, dass Migrantinnen und Migranten in den 1980er und 1990er Jahren in deutschen Zeitungen unterpräsentiert waren.[110] Erwähnt wurden sie, wenn es sich um negative Sachverhalte handelte, wie z.b. „Ausländerkriminalität", „sozialstaatlichen Belastungen infolge steigender Arbeitslosigkeit bei Zuwanderern oder einer zunehmenden Zahl von Asylbewerbern."[111] Außerdem brachten die Medien den „Überfremdungs-Topos" zum Vorschein, in dem sie schilderten, dass die Ausländer aufgrund ihres Andersseins die Lebensart deutscher Menschen beeinträchtigen. [112] Vor allem wurde die Gruppe der türkischen Einwanderer in den 1980er Jahren häufig in den Medien negativ dargestellt, als andere Nationalitätengruppen. Der Sachverständigenrat besagt, dass es bis heute an einer positiven oder neutralen Berichterstattung über Ausländer mangelt, „in der die allgemeinen Leistungen von Zuwanderern für das Gemeinwesen wertgeschätzt oder Alltag und Normalität des Lebens in der Einwanderungsgesellschaft reflektiert werden."[113]

Nach der allgemeinen Darstellung von Ausländern und Muslimen in den Medien, wird beschrieben, wie sich die Kategorisierung von Zuwanderern in den zunehmenden Jahren ereignete. So wird thematisiert, dass die Sozialwissenschaften und Medien während der „Gastarbeiter Phase" den kulturell-religiösen Aspekten wenig Aufmerksamkeit schenkten als heute. [114]

Dennoch brachten die Medien in den 1990 er Jahren Zwangsehen in Verbindung mit dem Islam, auch Frauen mit türkischem, arabischem oder osteuropäischen Migrationshintergrund spielten eine besondere Rolle als Opfer männlicher Unterdrückung. Die Darstellung dieser Themen diente dazu, dass nichtmuslimische Menschen ein negatives Bild von Muslimen hatten. Außerdem ist dadurch die Meinung entstanden, dass muslimische Menschen die Fähigkeit nicht besitzen, sich zu integrieren.

---

[109] SVR, Muslime in der Mehrheitsgesellschaft: Medienbild und Alltagserfahrungen in Deutschland, Berlin 2013, S. 7.
[110] Vgl. ebd., S. 8.
[111] Vgl. ebd.
[112] Vgl. ebd.
[113] Ebd.
[114] Vgl. ebd.

Die Beschäftigung der Medien und der Publizistik mit Zuwanderern als „Gastarbeitern" oder „Ausländern" bzw. nationalen Gruppen wie „Italiener", „Türken" oder „Marokkaner" wurde nach und nach abgelöst durch eine Fokussierung auf Muslime – ein Prozess, der sich vor allem in den 2000er Jahren rasant beschleunigt hat.[115]

Denn nach dem 11.09.2001 hat der Islam mehr Platz in den Medien bekommen als zuvor. Die Anzahl der Artikel über den Islam verdoppelte sich und die negative Bewertung des Islams nahm durch die vielen Artikeln weiterhin zu. [116] Nach weiteren terroristischen Anschlägen in London und Madrid 2005, hat sich die negative Berichterstattung verstärkt und der Islam wurde eng in Zusammenhang mit den Themen Terrorismus und Extremismus gebracht.[117] So wurde im Jahre 2007, eine quantitative Inhaltsanalyse der BILD-Zeitung und des Nachrichtenmagazins Der Spiegel durchgeführt. Beide Medien behandelten in ihren Beiträgen, rund 40 Prozent die Themen Terrorismus und Extremismus.[118] „Entscheidend war dabei, dass extrem negative, z.T. Angst machende Nachrichten überwiegend mit ganz alltäglichen Begriffen des muslimischen Lebens (wie Moschee oder Koran) verquickt wurden […]."[119] Hierbei sieht man wiederum, wie die Medien durch ihre negative Berichterstattung, Angst vor dem Islam auslösen und nicht muslimische Menschen sich aus diesem Grund von Muslimen distanzieren.

Es ist auch auffällig, dass Terrorismus und Extremismus mit dem alltäglichen Leben der Muslimen in Zusammenhang gebracht wird.

Zusammenfassend kann man sagen, dass während der Gastarbeiter Phase, Menschen mit Migrationshintergrund in den Medien eher unterpräsentiert waren und keine großen Interessen weckten als heute. Nach dem die Anzahl der Einwanderer stieg, wurden sie in den Medien als Ausländer häufig mit negativen Themen zum Vorschein gebracht. Nach dem 11.09.2001 haben sie sich vertieft auf Muslimen konzentriert.

Nun bezieht sich die Untersuchung auf die Wahrnehmung der Berichterstattung über Muslime in der Einwanderungsgesellschaft. Dabei konzentriert sich die Untersuchung auf folgende Fragen:

> „Wie also wird die mediale Berichterstattung über Muslime von den Medienkonsumenten in Deutschland tatsächlich wahrgenommen? Unterscheiden sich verschiedene Herkunftsgruppen und die deutsche Mehrheitsbevölkerung in ihrer Wahrnehmung?

---

[115] Ebd.
[116] Vgl. ebd., S.9.
[117] Vgl. ebd.
[118] Vgl. ebd.
[119] Ebd.

Welche Faktoren haben möglicherweise einen Einfluss auf unterschiedliche Wahrnehmungen der Mediendarstellung?[120]

Die Ergebnisse zeigen, dass 54 Prozent der Befragten ohne Migrationshintergrund und knapp 52 Prozent der Migranten die Meinung vertreten, dass die Darstellung der „Türken" in den Medien „eher zu negativ" ist.[121] So beurteilen fast 9 Prozent der Personen ohne Migrationshintergrund und mehr als 15 Prozent der Personen mit Migrationshintergrund die Berichterstattung der Medien über „Türken" „viel zu negativ".[122] Demnach meinen 21 Prozent der Befragten ohne Migrationshintergrund und knapp 19 Prozent der Befragten mit Migrationshintergrund, dass das Bild der „Türken" in den Medien zu positiv dargestellt wird.[123] Wenn man die Zuwanderergruppen vergleicht, so stellt man fest, dass die befragten Personen die Berichterstattung der „Araber" und „Muslime" am kritischsten betrachten.[124]

> Jeweils rund 71 Prozent der Mehrheitsbevölkerung und etwa 74 Prozent der Zuwandererbevölkerung halten das über die Medien vermittelte Bild für eher oder viel zu negativ. Demgegenüber ist die Darstellung von „Afrikanern" und „Osteuropäern" in den Medien nach Ansicht der Befragten etwas angemessener. Aber auch hier halten deutlich mehr als die Hälfte der Befragten mit und ohne Migrationshintergrund die Berichterstattung für zu negativ.[125]

Weiterhin wird analysiert, welche Unterschiede sich ergeben, wenn die befragten Zuwanderer nach Herkunftsgruppen differenziert werden.[126] Dabei gehen 68,9 Prozent der osteuropäischen Befragten davon aus, dass die Gruppen der Türken, Afrikaner, Araber, Osteuropäer und Muslime zu negativ in den Medien dargestellt werden.[127] Demgegenüber gaben 78,9 Prozent der Befragten mit afrikanischem Migrationshintergrund an, „dass ein zu negatives Bild der genannten Zuwanderergruppen über die Medien transportiert wird."[128] Im Vergleich zu den beiden Gruppen, nehmen Befragte mit türkischem Migrationshintergrund, mit arabischen Wurzeln und muslimischem Glaubensbekenntnis mit 80 Prozent das Medienbild am negativsten wahr. Zusammenfassend kann man sagen, dass auch die Einwanderergruppen die Darstellung der Medien überwiegend negativ bewerten. Vor allem sind alle Zuwanderergruppen der

---

[120] Ebd., S. 11.
[121] Vgl. ebd.
[122] Vgl. ebd.
[123] Vgl. ebd.
[124] Unter der Zuwanderergruppen gehören Türken, Afrikaner, Araber, Osteuropäer und Muslime.
[125] Ebd.
[126] Vgl. ebd., S. 13.
[127] Vgl. ebd.
[128] Ebd.

Ansicht, dass vor allem Menschen mit muslimischem Migrationshintergrund häufig sehr negativ dargestellt werden.

Alle drei Untersuchungen belegen, dass Medien eine wichtige Rolle bei der Wahrnehmung des Islams spielen. Denn sie werden als ein gewichtiger Faktor in der Schaffung der Feindseligkeiten gegen den Islam betrachtet.[129] Auch wird in den Untersuchungen sichtbar, dass fast alle Sendungen und Medien zu einer negativen Darstellung des Islams neigen, um mehr Aufmerksamkeit zu bekommen.

Im Hinblick auf den vergangenen Jahren wird in den deutschen Medien immer noch darüber berichtet, ob Moschee Bau erlaubt werden soll oder eine kopftuchtragende Frau unterrichten darf. In diesem Zusammenhang kann man sehen, dass sich in den folgenden Jahren keine große Veränderung gezeigt hat. Diese Themen werden immer wieder mit dem Islam verbunden. So wird der Eindruck geschaffen, dass sich der Islam nur mit solchen Themen beschäftigt. Dies wird vermutlich, wie Kai Hafez schon berichtet hat, zu einer Islamverdrossenheit führen, da nichtmuslimische Menschen den Islam mit der Kopftuchdebatte und dem Moscheen Bau in Verbindung bringen. Vor allem wird der Islam mit Terrorismus, Gewalt und Unterdrückung gleichgesetzt. Dies führt eben dazu, dass nicht muslimische Menschen Angst vor dem Islam entwickeln.

> Stereotype Assoziationen des Islam mit Gewalt und Unterdrückung werden tief ins Unterbewusstsein der westlichen Bevölkerung eingebrannt. Vorurteile, die auf diese Weise entstehen oder verstärkt werden, werden dann von Journalisten und Medienschaffenden weitergegeben, die ihrerseits bereits auf diese Weise beeinflusst worden sind.[130]

Zusammenfassend kann man sagen, dass Medien bezüglich zum Islam, die Stereotypenbildung auslösen. Das Feindbild Islam ist eine Folge dieser Stereotypenbildung.

---

[129] Vgl. Markun, „Der Anstieg der Feindseligkeit gegen die Muslime im Westen", Berlin 2013, S. 19.
[130] Ebd., S. 21.

4. Einstellungen zum Islam und zu Muslimen in Deutschland

4.1 Das Islambild in der deutschen Gesellschaft

In Deutschland hat sich die Islamophobie sehr weit verbreitet und es herrscht ein relativ negatives Bild vom Islam. Aber auch in den anderen Ländern wird die Angst vor dem Islam häufig diskutiert. Dennoch wird diese Angst nicht direkt genannt, sondern sie wird laut Sadi Aydin von den nicht muslimischen Bürgern umschrieben.[131] Sadi Aydin schreibt, dass Islamangst „nicht in Aussagen wie „ich habe Angst vor dem Islam", „ich fühle mich bedroht von Muslimen" oder „ich bin beunruhigt über die große Zahl von Muslimen" münden [...]."[132] In seiner Untersuchung 2011 beschreibt Sadi Aydin, dass durch Haltungen und Gesten der Befragten ihre Angst vor dem Islam sichtbar wird. Er befragte Personen über ihre Einstellungen zum Islam, in dem er verschiedene Punkte wie z.B. „Kulturelle Einschätzungen von Islam und Muslimen", „Vorstellungen über Demokratie-und Menschenrechtsdefizite", „Einstellungen zur Frauen-und Kopftuchthematik", „Integrierbarkeit der Muslime" behandelte.[133] Hierbei hatten die Befragten die Chance, auf die Fragen mit „ja", „eher ja", „teils-teils", „eher-nein" oder mit „nein", eine Antwort zu geben. In der vorliegenden Arbeit werden auch nur die höchsten Werte beschrieben und analysiert.

Betrachtet man den Punkt „Kulturelle Einschätzungen vom Islam und Muslimen", so sieht man, dass die befragten Personen auf die Aussage „Der Islam hat eine große Kulturleistung erbracht" „teils-teils" mit 26,1 Prozent zustimmten.[134] Weiterhin antworteten die Befragten auf die Frage, ob Islam und Demokratie zusammen passen wieder „teils-teils" mit 33,9 Prozent.[135] Zu der Aussage, ob Frauen im Islam zu geringeschätzt und unterdrückt werden, stimmten 31,9 Prozent mit „eher ja" zu. Auffallend ist der Wert bei dem Punkt „Integrierbarkeit der Muslime", denn auf die Aussage, ob Muslime in Deutschland schon integriert sind, antworten 44,1 Prozent mit „eher nein".[136]

---

[131] Vgl. Sadi Aydin, Vertrauensbildende Maßnahmen der Muslime und muslimischen Gruppierungen, München 2011, S. 49.
[132] Ebd.
[133] Ebd., S. 66-69.
[134] Vgl. ebd., S. 61.
[135] Vgl. ebd., S. 63.
[136] Vgl. ebd., S.67.

Die Ergebnisse zeigen, dass die Befragten zum Teil die Kultur des Islams als bereichernd empfinden und Islam und Demokratie zum Teil zusammenpassen. Dennoch wird die Kopftuchthematik kritisch betrachtet, da das Kopftuch als eine Unterdrückung der Frau wahrgenommen wird. Die Ergebnisse aus der Mediendarstellung der vorliegenden Arbeit haben auch gezeigt, dass die Kopftuchthematik immer wieder Diskussion der Öffentlichkeit war. Neben der Kopftuchthematik spielt auch die Integrierbarkeit der Muslime eine wichtige Rolle. Denn viele Nichtmuslimen sind der Meinung, dass sich Muslime nicht integrieren können.

Es ist tatsächlich so, dass die deutsche Bevölkerung den Islam als Bedrohung wahrnimmt. Vor allem haben die Terroranschläge, die im dritten Kapitel dieser Arbeit beschrieben wurde, die Angst vor dem Islam verschärft. „Laut Allensbach stimmten 42 Prozent der Befragten der Aussage zu: „Es leben ja so viele Moslems bei uns in Deutschland. Manchmal habe ich direkt Angst, ob darunter nicht auch viele Terroristen sind."[137] 42 Prozent ist eine hohe Zahl und somit bestätigt sich auch die Aussage, dass nicht muslimische Menschen Terrorismus mit dem Islam gleichsetzen. Um diese negative Wahrnehmung zu verhindern, haben sich auch Politikerinnen und Politiker zu diesem Thema geäußert und wiesen auf die Unterscheidung zwischen Islam und Terrorismus hin.[138] Auf diese Weise ist die Aufklärung des Islams zum Bestandteil öffentlicher politischer Rede in Deutschland geworden.[139]

Auch zahlreiche Untersuchungen wie Bertelsmann Stiftung, Langzeituntersuchung über gruppenbezogene Menschenfeindlichkeit und Friedrich-Ebert-Stiftung belegen, dass sich eine starke Islamophobie etabliert hat. Die Frage „Gehört der Islam zu Deutschland?" steht seit einigen Jahren innerhalb der Islamdebatte im Zentrum der Diskussion, sowohl in der deutschen Gesellschaft, als auch in den deutschen Medien. Aus den Untersuchungen lassen sich erkennen, dass die befragten Personen der Ansicht sind, der Islam passe nicht zur westlichen Welt.[140] So wurde auch die Aussage von Christian Wulff „Der Islam gehört zu Deutschland" im Jahre 2010 häufig kritisiert und sorgte für weitere Aufregungen.[141] So vertrat der Innenminister Hans Friedrich eine andere Meinung und

---

[137] Vgl. Bielefeldt, Das Islambild in Deutschland, Berlin 2008, S. 6.
[138] Vgl. ebd., S. 13.
[139] Vgl. ebd.
[140] Siehe Bertelsmann Stiftung 2015, Friedrich-Ebert-Stiftung 2011 und GMF 2005.
[141] Siehe http://www.zeit.de/2015/09/christian-wulff-angela-merkel-islam-deutschland und

sagte, „dass nicht der Islam, sondern nur Muslime zur Bundesrepublik gehören, weil die geistige, religiöse und kulturelle Identität dieses Landes nun mal christlich-abendländisch sei."[142]

Nun ist es auch wichtig zu wissen, welche Ursachen hinter der Islamophobie stehen. Medien sind dabei die größten Verursacher der Islamophobie und sie wurden auch im dritten Kapitel dieser Arbeit analysiert. Es existieren weitere Gruppierungen, die als Verursacher der Islamophobie gelten. Die „Pro-Bewegung" ist einer dieser Gruppierungen und wurde im Jahre 2010 gegründet.

> Die Pro-Bewegung mit ihrer Ursprungsformation PRO Köln und ihren Exportmodellen PRO NRW und PRO Deutschland ist eine neue Wahlgruppierung der extremen Rechten, die – getarnt als „Bürgerbewegung" – versucht, sich von der Domstadt Köln aus in Nordrhein-Westfalen und darüber hinaus in ganz Deutschland auszubreiten.[143]

Sie gilt als eine rechtsextreme Organisation. Das Ziel dieser Organisation war laut Alexander Häusler, mit antiislamischen Kampagnen, einen Wahlerfolg zu erzielen, in dem sie Vorurteile gegen Muslime verbreiteten.[144] Dabei führte diese Organisation das Schlagwort der „schleichenden Islamisierung" auf, um eine Aufmerksamkeit zu erwecken, bei den Menschen, die eine Neigung zur Islamfeindlichkeit hatten.

In den letzten zwei Jahren hat sich in Deutschland eine neue anti-islamische Bewegung gebildet, die sich PEGIDA (Patriotische Europäer gegen die Islamisierung des Abendlandes) nennt. Sie wurde am 20. Oktober 2014 in Dresden von Lutz Bachmann gegründet und gilt als eine islam- und fremdenfeindliche Organisation. Lutz Bachmann gründete eine Facebook – Gruppe, um die Aktion von PKK-Anhängern auf der Prager Straße zu demonstrieren. Dies war laut Bachmann der Grund für die Gründung der Pegida - Bewegung [145]

> Nach einer Aktion von PKK-Anhängern auf der Prager Straße [in der Dresdener Innenstadt] wollten wir etwas tun. Dort wurden Waffen für die verfassungsfeindliche und verbotene PKK gefordert – da bin ich dagegen. Also gründeten wir eine Facebook-Gruppe. Ich hätte nie gedacht, dass es so einschlägt.[146]

---

http://www.deutschlandfunk.de/der-islam-gehoert-zu-deutschland-die-geschichte-eines-satzes.1783.de.html?dram:article_id=308619

[142] Özdemir, Die Identitätsentwicklung der türkischen Familien in Berlin, Hamburg 2013, S. 141.
[143] Vgl. Häusler, Die „PRO-Bewegung" und der antimuslimische Kulturrassimus von Rechtsaußen 2011.
[144] Vgl. ebd.
[145] Vgl. Becher, Der Aufstand des Abendlandes, Köln 2015, S. 9.
[146] Ebd., S. 9.

Die Anhänger der Pegida – Bewegung bezeichnen sich als gewaltlos, mittig und bürgerlich.[147] Seit der Gründung werden Demonstrationen gegen Überfremdung, Islamisierung und Wirtschaftsflüchtlinge veranstaltet. Bereits im Oktober 2014 erreichten sie 5.000 Teilnehmerinnen und Teilnehmer und bis zur Jahreswende stieg die Zahl der Demonstrierende auf 18.000 alleine in der sächsischen Landeshauptstadt Dresden.[148] Vor allem finden jeden Montag Demonstrationen gegen „Islamisierung des Abendlandes" statt. Um die PEGIDA Organisation zu demonstrieren hat sich eine weitere Bewegung gebildet namens NO-PEGIDA. „Als No-, Anti-, oder Gegen-Pegida-Demonstrant stellte man sich gegen Hass, Ausgrenzung und Menschenfeindlichkeit und trat ein für Weltoffenheit, Freiheit, Gleichheit, Toleranz und Solidarität."[149]

Am 06. Februar 2013 hat sich eine weitere Partei namens AfD gebildet. Die Pegida-Bewegung ist an diese Partei verbunden. Die Partei drückt klar aus, dass der Islam nicht zu Deutschland gehört.[150] Dabei betonte die AfD Chefin Frauke Petry: „aber gut integrierte Muslime, die ihre Religion privat leben, gehören dazu".[151]

Zunächst kann man sagen, dass extrem rechts orientierte Organisationen und Parteien zu einer islamphobischen Haltung beitragen. Die islamphobische Haltung entwickelt sich mit der Zeit zu einer islamfeindlichen Haltung, da der Islam in diesen Gruppierungen sehr negativ bewertet wird.

In den unten aufgeführten Kapiteln werden zwei Studien über die Wahrnehmung des Islams in der deutschen Gesellschaft aufgeführt, um betrachten zu können, welches Islambild die deutsche Gesellschaft tatsächlich hat. Unter anderem werden in den folgenden Untersuchungen Ursachen genannt, die Islamophobie verstärken.

---

[147] Vgl. Geiges, Pegida, Bielefeld 2015, S. 17.
[148] Vgl. Becher, Der Aufstand des Abendlandes, Köln 2015, S. 7.
[149] Marg, NO PEGIDA, Bielefeld 2016, S. 7.
[150] Vgl. http://www.focus.de/politik/videos/gegen-refugees-welcome-ist-eine-ersatzreligion-afd-frau-petry-geisselt-die-deutsche-hilfsbereitschaft_id_5969889.html.
[151] Vgl. ebd.

4.2 Jürgen Leibold/Steffen Kühnel: Islamphobie – Sensible Aufmerksamkeit für spannungsreiche Anzeichen

In dem Forschungsprojekt „Deutsche Zustände", das im zweiten Kapitel dieser Arbeit vorgestellt wurde, haben Jürgen Leibold und Steffen Kühnel im Jahre 2003 eine Befragung zur Erfassung der Islamophobie durchgeführt. Diese Befragung war eine Fortführung des GMF (Gruppenbezogene Menschenfeindlichkeit) – Survey 2002. Hierbei haben sie sich auf folgende Punkte spezialisiert:

a) generelle Ablehnung, d.h. eine angstbesetzt ablehnende und abwehrende Haltung gegenüber Muslimen in Deutschland,
b) kulturelle Abwertung, d.h. die pauschale negative Beurteilung islamischer Kultur und Wertvorstellungen, sowie
c) distanzierende Verhaltensabsichten gegenüber Muslimen.[152]

Bei den drei Aspekten sollten die befragten Personen jeweils zwei Fragen beantworten. Der erste Aspekt beinhaltete die zwei Fragen, ob die Zuwanderung von Muslimen nach Deutschland untersagt werden soll und ob sie sich durch die vielen Muslime fremd im eigenen Land fühlen.[153] Des Weiteren wurde bei dem zweiten Aspekt gefragt, ob der Islam eine bewundernswerte Kultur hervorgebracht hat und ob die muslimische Kultur in die westliche Welt passt.[154] Bei dem letzten Aspekt drückt die erste Frage „Mißtrauen im Umgang mit Muslimen aus" und „die zweite Frage erfaßt soziale Distanz über die Vermeidung des Wohnens in einer Gegend mit höheren Anteilen von Muslimen."[155] Insgesamt kamen sie auf das Ergebnis, dass die höchste Ablehnung von Muslimen zwischen 10 und 26 Prozent lag. 25,6 Prozent gaben an, dass sie nicht gerne in einer Gegend wohnen würden, wo der Anteil der Muslime hoch ist. Die Autoren haben daraus den Schluss gezogen, dass diese Haltung im Zusammenhang mit dem Islam stand. Dennoch sollte dies auch keine Islamophobie darstellen, sondern der Gedanke, „daß in Deutschland Gegenden mit einem hohen Anteil von Muslimen in der Regel auch Wohngebiete sind, die weniger Infrastruktur und schlechter ausgestattete Wohnungen aufweisen."[156] Bei der generellen Ablehnung von Muslimen besaßen 21,7 Prozent der Befragten eine islamphobische Haltung.[157] Dabei lag der Wert bei der kulturellen

---

[152] Leibold/Kühnel, Islamophobie, Frankfurt a.M. 2003, S. 101.
[153] Vgl. ebd., S. 103.
[154] Vgl. ebd.
[155] Ebd.
[156] Ebd., S. 104.
[157] Vgl. ebd.

Abwertung bei 27,2 Prozent und schließlich bei distanzierenden Verhaltensabsichten 34,2 Prozent.

> Starke Islamphobie – gemessen über die volle Zustimmung zu islamkritischen Aussagen – weisen danach 6,7 % bei der generellen Ablehnung, 4,9% bei der kulturellen Abwertung und 11,0% bei der Verhaltensintention auf.[158]

Somit kamen die beiden Autoren zu der Schlussfolgerung, dass Islamophobie im Jahre 2003 kein Aspekt der Gruppenbezogenen Menschenfeindlichkeit war, aus diesem Grund stach sie auch nicht hervor. Islamophobie schien zu dieser Zeit nicht besonders etabliert zu sein, dennoch zeigen die Werte, dass sie auch nicht niedrig ausgeprägt war. Ihre Schlüsse führen die beiden Autoren weiter aus und berichten, dass alle drei Aspekte einen engen Zusammenhang aufweisen.

> Wer also Muslime generell ablehnt und die islamische Kultur abwertet, der weist mit hoher Wahrscheinlichkeit auch distanzierende oder gar diskriminierende Verhaltensweisen gegenüber Muslimen auf.[159]

Betrachtet man die Werte der drei Aspekte, so stellt man fest, dass hohe Zusammenhänge zwischen den Syndrom Aspekten und der generellen Ablehnung bestehen. Auch angstbesetzte und abwehrende Einstellungen sind miteinander verbunden.[160] Demnach besteht der höchste Zusammenhang mit der Fremdenfeindlichkeit, denn wer fremdenfeindliche Einstellungen aufweist, so wird er auch die Meinung vertreten, dass Muslime nicht zur Bundesrepublik gehören. Tendenziell weisen die ablehnenden Haltungen geringere Werte, dennoch sind die Zusammenhänge der Verhaltensabsicht mit den übrigen Aspekten des Syndroms relativ hoch.[161]

Weiterhin untersuchten die beiden Autoren, wie sich die Islamophobie in den Gruppen verbreitete. Hierbei sieht man, dass zwischen Frauen und Männern keine großen Unterschiede im Hinblick auf ihre Einstellungen zum Islam gaben. Dennoch sieht man bei dem Aspekt „Distanzierende Verhaltensabsicht gegenüber Muslimen", dass Frauen eher zu distanzierendem Verhalten neigten als Männer. Auch bei der kulturellen Abwertung des Islams gab es zwischen den Befragten „aus den alten und den neuen Bundesländern und aus Kreisen mit niedrigen oder aber hohen Arbeitslosenquote"[162]

---

[158] Ebd.
[159] Ebd.
[160] Vgl. ebd., S. 105.
[161] Vgl. ebd.
[162] Ebd., S. 106.

keine großen Unterschiede. Befragte, die aus Kreisen mit hohem Ausländeranteil kamen, wiesen eine geringe Islamophobie auf als Befragte, die aus Kreisen mit geringem Ausländeranteil kamen.

Weitere Punkte, die Einstellungen zum Islam beeinflussten, sind die ideologischen Selbstpositionierung und Bildung. Hierbei berichten die beiden Autoren, dass je weiter rechts die befragten Personen orientiert waren, desto negativer bewerteten sie den Islam und lehnten Muslime ab. Dies galt auch für die Befragten, die einen niedrigeren Schulabschluss erworben hatten, denn diese neigten eher zu einer islamphobischen Haltung als Befragte mit einem höheren Schulabschluss.

Es ist auch wichtig zu untersuchen, welche Ursachen hinter dieser islamphobischen Einstellungen liegen. Somit haben sich Jürgen Leibold und Steffen Kühnel auch mit den Ursachen von Islamophobie befasst. Sie haben festgestellt, dass Islamophobie einen sehr starken Zusammenhang mit der Fremdenfeindlichkeit hat. Als Grund hierfür geben sie die Migrationsbewegung vor allem aus der Türkei an.

Um eine genaue Erklärung für die Ursache von Islamophobie darzustellen, spezialisieren sie sich auf drei Ansätze.

> Im GMF-Survey 2003 wurden die sozialen Dominanzorientierungen, die autoritäre Aggression und die ideologische Selbstpositionierung im Sinne des politischen Standortes im Links-Rechts-Schema erhoben.[163]

So kamen sie zu der Erkenntnis, dass diese drei Ansätze eine wichtige Bedeutung für die Schilderung von fremdenfeindlichen Einstellungen darstellen.

Die Theorie der sozialen Dominanz besagt, dass „Individuen das eigene Selbstwertgefühl unter anderem von der Überlegenheit der eigenen Referenzgruppe"[164] ableiten. Wenn diese Individuen die Status ihrer Gruppe bedroht wahrnehmen, so werden sie versuchen, „über den Einsatz legitimierender Mythen die ursprüngliche Hierarchie zwischen den unterschiedlichen Gruppen zu stabilisieren.[165] Als Beispiel hierfür wird Rassismus und Nationalismus angegeben, darunter kann aber auch Fremdenfeindlichkeit und Islamophobie verstanden werden.

Heitmeyer und Heyder schreiben in ihrem Aufsatz „Autoritäre Haltungen", dass die autoritäre Haltung wichtiger Einflussfaktor bei der fremdenfeindlichen und rassistischen

---

[163] Ebd., S. 107.
[164] Ebd.
[165] Ebd., S. 108.

Einstellungen ist. [166] Je mehr Personen dieser autoritären Haltung zustimmen, desto höher ist die Wahrscheinlichkeit, dass Personen zu fremdenfeindlichen und rassistischen Einstellungen neigen.

Zuletzt haben sich Leibold und Kühnel auf den Aspekt der ideologischen Selbstpositionierung bezogen.

> Bekanntermaßen werden in westlichen Demokratien linke Positionen eher mit Forderungen zum Abbau bestehender Ungleichheiten und der Ablehnung hierarchischer Ordnungen in Zusammenhang gebracht, während für das extrem rechte Spektrum gerade das Eintreten für hierarchische Gesellschaftsmodelle und kulturell oder rassistisch legitimierte Unterdrückung charakteristisch ist. [167]

Also spielen auch die politischen Einstellungen eine wichtige Rolle bei der Intoleranz gegenüber Muslimen.

Jürgen Leibold und Steffen Kühnel erklären Einstellungen gegenüber Eigen-und Fremdgruppen anhand dieser drei Aspekte. Dabei liegen die zwei Aspekte „Soziale Dominanz" und „Autoritäre Aggression" sehr nahe. Diese Verbindung haben die beiden Autoren erweitert, in dem sie den Aspekt der „ideologischen Selbstpositionierung" hinzufügten. Somit beeinflussen diese drei Aspekte nach Leibold und Kühnel die folgenden drei Punkte: „Generelle Ablehnung der Muslime", „Kulturelle Abwertung des Islams" und „Distanzierende Verhaltensabsichten gegenüber Muslime". Entsprechend diesem Erklärungsmodell wird erwartet, dass bei steigender kultureller Ablehnung des Islams, auch die generelle Ablehnung von Muslimen zunimmt. [168] So wird auch „mit wachsender kultureller Abwertung wie genereller Ablehnung auch distanzierende Verhaltensabsichten gegenüber Muslimen ansteigen." [169] Hierbei spielen wiederum die oben beschriebenen Aspekte eine wichtige Rolle, denn je höher die autoritäre Aggression sowie soziale Dominanz steigen und sich Personen rechts positionieren, desto höher ist die Wahrscheinlichkeit, dass die kulturelle Abwertung des Islams wie auch die generelle Ablehnung von Muslimen stärker wird. [170]

Darüber hinaus wird überprüft, ob die Annahmen zutreffen. Die Autoren sind davon ausgegangen, dass die drei Aspekte der „autoritären Aggression", „soziale Dominanz" und „ideologische Selbstpositionierung" negative Einstellungen zum Islam beeinflussen.

---

[166] Vgl. Heitmeyer/Heyder, Autoritäre Haltungen, Frankfurt a.M. 2002, S. 59.
[167] Leibold/Kühnel, Islamophobie, Frankfurt a.M. 2003, S. 108.
[168] Vgl. ebd., S. 108.
[169] Ebd.
[170] Vgl. ebd., S. 109.

Bei ihrer Analyse sind sie auf das Ergebnis gekommen, dass vor allem die soziale Dominanz einen Bezug zur generellen Ablehnung der Muslime darlegt. Die autoritäre Aggression hingegen weist niedrigere Werte auf. Trotzdem kann man diese Werte laut Leibold und Kühnel nicht ignorieren. Bei der kulturellen Abwertung weist die autoritäre Aggression tendenziell höhere Werte auf.[171] Im Hinblick auf die Ergebnisse, bestätigen sich die theoretischen Vermutungen der Autoren.[172] Betrachtet man nämlich die Ergebnisse, so wird deutlich, dass Islamophobie von der sozialen Dominanz und der autoritären Aggression abhängt.[173]

Auch wird festgestellt, dass die ideologische Selbstpositionierung geringe Einflusswerte zeigen.

> Je weiter rechts sich eine Person selbst sieht, desto höher ist das Ausmaß der Islamphobie. Der schwache Einfluß besagt, daß Islamphobie keineswegs eine Einstellung ist, die nur bei Personen aus dem rechten politischen Lager zu finden ist, sondern daß auch Personen aus der politischen Mitte oder mit linker Orientierung nicht frei sind von solchen Abwehrhaltungen.[174]

An dieser Stelle vermitteln die Autoren, dass die ideologische Selbstpositionierung nur in den neuen Bundesländern einen Einfluss auf die kulturelle Abwertung hatte.[175]

Zusammenfassend kommen sie auf die Schlussfolgerung, dass „ein hohes Ausmaß an autoritärer Aggression, soziales Dominanzstreben und rechte Positionen auf der Links-Rechts-Skala"[176] zu Islamophobie und distanzierenden Verhaltensabsichten gegenüber Muslimen führen.

> Dies zeigt sich auch bei der Gesamterklärung. Mit 75,9 % in den alten und 79,5 % in den neuen Bundesländern bei der generellen Ablehnung können wir einen großen Teil der Unterschiede zwischen den Befragten erklären. Zurückzuführen sind diese ausgesprochen hohen Werten darauf, daß Personen, die die islamische Kultur abwerten und als fremd ablehnen, auch mit hoher Wahrscheinlichkeit der muslimischen Gruppe abwehrend gegenüber stehen. So ist denn die Gesamterklärung der kulturellen Abwertung mit 28,7 % (Westen) und 25,9 % deutlich geringer, aber immer noch recht beachtlich.[177]

In diesem Zusammenhang berichten Leibold und Kühnel, dass Islamophobie im Jahre 2003 keine besondere Ausprägung in Deutschland hatte. Auch legen sie dar, dass

---

[171] Vgl. ebd., S. 111.
[172] Vgl. ebd.
[173] Vgl. ebd.
[174] Ebd.
[175] Vgl. ebd.
[176] Ebd., S. 113
[177] Ebd.

Islamophobie ein Aspekt der generellen Fremdenfeindlichkeit ist. Dennoch berichten sie auch, dass Islamophobie zu einer eigenständigen Konfliktlinie auswachsen kann.[178]

4.3 Religionsmonitor der Bertelsmann Stiftung: Die Wahrnehmung des Islams in Deutschland

Der Religionsmonitor der Bertelsmann Stiftung nimmt internationale empirische Untersuchungen vor und recherchiert „die Bedeutung von Religion für den gesellschaftlichen Zusammenhalt in religiös und kulturell vielfältigen Gesellschaften."[179] Im Hinblick auf die Forschung der Islamophobie orientiert sich die Studie nicht nur auf das Islambild, sondern untersucht auch die Ursachen für die unterschiedlichen Facetten der Wahrnehmung.[180]

Die Studie der Bertelsmann Stiftung belegt, dass die Einstellungen und Sichtweisen in Deutschland lebender Muslime, sich stark an den Grundwerten der Bundesrepublik wie Demokratie und Pluralität orientiert.[181] Dennoch stehen die nicht muslimischen Menschen ablehnend gegenüber Islam und Muslime. Im Jahre 2015 besagte die Studie, dass 57 Prozent der nicht muslimischen Bürger, den Islam als Bedrohung empfinden und 61 Prozent vertreten die Meinung, der Islam passe nicht zu Deutschland. 40 Prozent der nicht deutschen Bürger fühlen sich durch Muslime fremd im eigenen Land und jeder Vierte hat den Wunsch die Zuwanderung nach Deutschland zu verbieten. Im Gegensatz zum Jahr 2012 sind die Zahlen gestiegen, denn im Jahre 2012 gaben 53 Prozent der nicht muslimischen Bürger an, dass sie Islam als Bedrohung empfinden und 52 Prozent sagten, der Islam passe nicht zu Deutschland. Im Jahre 2013 haben sich Kai Hafez und Sabrina Schmidt im Auftrag der Bertelsmann Stiftung, in ihrer Untersuchung auf zwei Fragen konzentriert. „Erstens wurde untersucht, ob der Islam eher als Bereicherung oder eher als Bedrohung wahrgenommen wird, und zweitens, ob der Islam als zur westlichen Welt „passend" empfunden wird."[182] Dabei sind sie auf das Ergebnis gekommen, dass 16 Prozent der nicht muslimischen Menschen den Islam als sehr bedrohlich empfinden und 35 Prozent ihn als „eher bedrohlich" beschreiben.[183] Hiermit haben sie festgestellt, dass mehr als die Hälfte der Befragten ein negatives Bild vom Islam hat. Insgesamt nehmen

---

[178] Vgl. ebd., S. 114.
[179] Vgl. Bertelsmann Stiftung, Muslime in Deutschland mit Staat und Gesellschaft eng verbunden 2015.
[180] Vgl. Hafez/Schmidt, Die Wahrnehmung des Islams in Deutschland, Gütersloh 2015, S. 12.
[181] Vgl. Bertelsmann Stiftung, Muslime in Deutschland mit Staat und Gesellschaft eng verbunden 2015.
[182] Hafez/Schmidt, Die Wahrnehmung des Islams in Deutschland, Gütersloh 2015, S. 14.
[183] Vgl. ebd., S. 15.

53 Prozent der deutschen Menschen den Islam als Bedrohung wahr, 24 Prozent sehen ihn als „eher bereichernd" und nur 2 Prozent als „sehr bereichernd".[184] Also steht ein Drittel der deutschen Bevölkerung positiv gegenüber dem Islam. Weiterhin wurde untersucht, wie andere Religionen wahrgenommen werden. Hierbei haben sie festgestellt, dass die deutsche Bevölkerung neben dem Christentum (72%), auch andere Religionen als Bereicherung wahrnehmen, wie z.b. den Buddhismus (60%), den Hinduismus (48%) und das Judentum (53%).[185] Unter diesen aufgezählten Religionen wird das Judentum mit 19 Prozent als bedrohlich wahrgenommen. Dennoch liegt dieser Wert deutlich unter dem für den Islam berechneten Wert (51%). „Der Islam besitzt folglich im öffentlichen Ansehen der deutschen Bevölkerung ein sehr viel schlechteres Image als alle anderen Weltreligionen."[186] Im Weiteren liefert die Untersuchung ein Altersvergleich. Die Studie besagt, dass im Hinblick auf das Islambild altersspezifische Unterschiede geben. 38 Prozent der 16 bis 24 Jährigen nehmen den Islam als eher bis sehr bereichernd wahr und wiederum 38 Prozent empfinden ihn eher bis sehr bedrohlich.[187] 47 Prozent der 25 bis 39 Jährigen empfinden den Islam als eine Bedrohung und 32 Prozent sehen ihn als eine Bereicherung an. „Bei den 40- bis 54- Jährigen liegt das Verhältnis bei 55 % zu 27%, in der Gruppe der 55- bis 69- Jährigen bei 60 % zu 22%."[188] Mit dem steigenden Alter nimmt auch die negative Wahrnehmung des Islams zu. Zuletzt wurde die Frage gestellt, ob der Islam in die westliche Welt passt. 52 Prozent der nicht muslimischen Menschen verneinen und 38 Prozent stimmen dieser Aussage zu.[189] Des Weiteren konzentriert sich die Studie auf die Ursachen des negativen Islambildes. Dabei werden unterschiedliche Punkte genannt, die Einfluss auf das Islambild haben. Die Studie besagt, dass politische Einstellungen eine wichtige Rolle spielen. Das Individuum informiert sich über primäre Bezugspersonen wie die Familie und bildet somit eine erste Meinung zu einem bestimmten Thema. Hinzu kommen noch sekundäre Instanzen wie soziale Kontakte, Schule und Medien. Das Zusammenspiel von primären und sekundären Sozialisationsinstanzen ist für den Aufbau eines differenzierten Islambildes sehr wichtig.[190] Somit werden Kernwerte über Familie und Freunde angelegt und „diese

---

[184] Vgl. ebd.
[185] Vgl. ebd., S. 17.
[186] Ebd., S. 18.
[187] Vgl. ebd., S. 20.
[188] Ebd.
[189] Vgl. ebd., S. 25.
[190] Vgl. ebd., S. 36.

formen sich mit fortschreitendem Bewusstsein zu Weltbildern oder Ideologien aus."[191] Ein weiterer Punkt für die Entwicklung des negativen Islambildes sind die sozio-ökonomischen Faktoren.[192] Hierbei geht es darum, ob ein sozialer Abstieg durch die muslimischen Menschen droht. Das Einkommen und die soziale Lage spielen eine sehr wichtige Rolle bei dem Thema Islamfeindlichkeit. Denn je mehr Einkommen Menschen besitzen, so sind sie umso weniger anfällig für Islamfeindlichkeit.[193] Die Lebenszufriedenheit eines Menschen ist ein entscheidender Faktor, um ein positives Islambild zu besitzen. Die Studie kommt hierbei zum folgenden Ergebnis: „Deutlich ist, dass das Bedrohungsempfinden gegenüber dem Islam in der Regel mit der Unzufriedenheit der Befragten zunimmt."[194] Auch der persönliche Kontakt zu einem muslimischen Menschen ist von großer Bedeutung, denn so können negative Stereotype vermindert werden. Die Studie der Bertelsmann Stiftung hat auch belegt, dass die Bildung eines Menschen bei der Wahrnehmung des Islams entscheidend ist.

> Die Daten des Religionsmonitors bestätigen die allgemeine Tendenz ebenso wie deren Differenzierungen. Höher Gebildete neigen tatsächlich in geringerem Maße zu einem pauschalen Negativbild des Islams als weniger Gebildete. So weisen sie häufiger eine Bereicherungswahrnehmung auf und stimmen eher der Aussage zu, der Islam passe in die westliche Welt.[195]

56 Prozent der Befragten mit einem Hauptschulabschluss geben an, dass sie den Islam als eine Bedrohung wahrnehmen und 19 Prozent sehen ihn als eine Bereicherung an. Von den Abiturienten nehmen 55 Prozent der Befragten den Islam eine Bedrohung an und 27 Prozent als eine Bereicherung. Zuletzt sehen 46 Prozent der Hochschulabsolventen den Islam als eine Bedrohung und 40 Prozent als eine Bereicherung an.[196] Auf die Aussage, ob der Islam in die westliche Welt passt, stimmen wiederum 8 Prozent der Befragten mit einem Hauptabschluss, 10 Prozent mit einem Abitur und 12 Prozent mit einem abgeschlossenen Studium zu. Diese Werte zeigen, dass auch höher gebildete Menschen zum negativen Islambild neigen. „Islamfeindlichkeit ist also auch ein Problem der gebildeten Kreise."[197] Hierbei wird kritisiert, dass in den Schulen wenig über den Islam vermittelt wird. Aus diesem Grund entstehen enorme Wissenslücken.

> Bildungsdefizite sind eine der Ursachen von Islamfeindlichkeit, weswegen negative Stereotype und Feindbilder in bildungsfernen Schichten verbreiteter sind. Bildung in der

---

[191] Ebd., S. 37.
[192] Vgl. ebd.
[193] Vgl. ebd., S. 45.
[194] Ebd., S. 48.
[195] Ebd., S. 59.
[196] Vgl. ebd., S. 59.
[197] Ebd., S. 60.

jetzigen Form scheint allerdings, anders als auf anderen Feldern der Fremdenfeindlichkeit und des Rassismus, nur sehr bedingt als Dämpfer gegen Islamfeindlichkeit zu fungieren, da islamfeindliche Einstellungen auch in gebildeten Kreisen noch sehr ausgeprägt sind.[198]

Zusammenfassend kann man sagen, dass laut dieser Studie der Bertelsmann Stiftung, in der deutschen Bevölkerung ein stark ausgeprägtes negatives Islambild herrscht. Die Angst vor dem Islam ist sehr ausgeprägt. „Der Islam wird überwiegend als gewalttätig, intolerant und repressiv wahrgenommen.[199] Auffallend ist, dass der Islam viel schlechteres Image besitzt als alle anderen Religionen. Vor allem bilden Muslime die größte Minderheit in Deutschland, trotzdem vertreten viele deutsche Menschen die Meinung, dass der Islam nicht vereinbar ist mit dem Westen.

4.4 Vergleich der beiden Untersuchungen von Leibold/Kühnel und Bertelsmann Stiftung

Vergleicht man die beiden Untersuchungen von Leibold/Kühnel und Bertelsmann Stiftung, so stellt man fest, dass die Werte der Islamophobie gestiegen sind. Leibold und Kühnel führten ihre Untersuchung der Islamophobie Verteilung im Jahre 2003 durch und die Bertelsmann Stiftung veröffentlichte ihre Studie zur „Wahrnehmung des Islams in Deutschland" im Jahre 2015. Es liegt also eine Zeitspanne von 12 Jahren. Leibold und Kühnel untersuchten die generelle Ablehnung, kulturelle Abwertung und distanzierende Verhaltensabsicht gegenüber Muslime und kamen auf das Ergebnis, dass die Werte zum negativen Islambild nicht niedrig ausgeprägt waren, dennoch hatte sich ihrer Meinung nach, keine starke Islamophobie in der deutschen Gesellschaft etabliert. Kai Hafez und Sabrina Schmidt, die im Auftrag der Bertelsmann Stiftung ihre Studie führten, kamen auf das Ergebnis, dass 53 Prozent der deutschen Bevölkerung, den Islam als Bedrohung wahrnehmen. 53 Prozent drückt in diesem Fall aus, dass mehr als die Hälfte der deutschen Bevölkerung ein relativ negatives Islambild besitzt. Im Jahre 2003 gaben insgesamt 31 Prozent der deutschen Bevölkerung an, dass sie sich durch die vielen Muslime fremd im eigenen Land fühlen und 26,5 Prozent stimmten der Aussage zu, dass den Muslimen die Zuwanderung nach Deutschland untersagt werden soll.[200] Diese Werte sind in den 12 Jahren auch gestiegen, so vermittelt die Bertelsmann Stiftung, dass 40 Prozent der deutschen Bürger sich fremd im eigenen Land fühlen und jeder Vierte hat

---

[198] Ebd., S. 63.
[199] Ebd., S.64.
[200] Vgl. Leibold/Kühnel, Islamophobie, Frankfurt a.M. 2003, S. 103.

den Wunsch die Zuwanderung von Muslimen nach Deutschland zu untersagen. Auch hier sieht man, dass die generelle Ablehnung von Muslimen gestiegen ist.

Weiterhin nahmen im Jahre 2003, 36,6 Prozent der Befragten die Kultur des Islams als bewundernswert wahr[201]. Dieser Wert ist in den 12 Jahren gesunken, denn dieser Wert lag im Jahre 2015 bei 26 Prozent. Demnach analysierten beide Untersuchungen die Ursachen der Islamophobie Verbreitung. So stellen beide Untersuchungen fest, dass politische Einstellung bei der Wahrnehmung des Islams einen Einfluss hat. Ein weiterer Punkt ist die Bildung. Denn beide Untersuchungen berichten, dass Personen mit einem niedrigeren Schulabschluss eher eine Islamophobie aufweisen, als Personen mit höherem Schulabschluss. Auffällig ist hierbei, dass die Studie der Bertelsmann Stiftung besagt, dass auch höher gebildete Menschen eher zur Islamophobie neigen. Dies bedeutet wiederum, dass sich die Islamophobie auch bei den gebildeten Menschen verbreitet hat. Neben Bildung und politische Einstellung, sprechen beide Untersuchungen auch die soziale Dominanz an. Denn fühlen sich die Personen durch muslimische Menschen schwach in ihrer sozialen Lage, so kann bei ihnen eine Islamfeindlichkeit entstehen. Aus diesem Grund spielt die soziale Lage eine große Rolle bei der Wahrnehmung des Islams. Zusammenfassend kann man sagen, dass sich die Islamophobie in den zunehmenden Jahren verbreitet hat. Leibold und Kühnel sahen schon eine verbreitete Islamophobie voraus, obwohl sie im Jahre 2003 nicht so verbreitet war. Im Jahr 2015 hingegen sprechen Kai Hafez und Sabrina Schmidt, dass sich ein stark ausgeprägtes negatives Islambild etabliert hat.

---

[201] Vgl. ebd.

5. Fazit

Die vorliegende Arbeit hat untersucht, welches Bild vom Islam die deutsche Gesellschaft hat. Um dieser Fragestellung nachzugehen, wurden unterschiedliche Aspekte in Betracht gezogen. Zunächst stellte die Arbeit fest, dass negative Stereotype gegenüber Islam und Muslime existieren. Durch die existierenden Vorurteile hat sich eine Angst vor dem Islam entwickelt. Die Angst vor dem Islam führt zu einer Stigmatisierung der muslimischen Menschen, da die deutsche Gesellschaft die Religion des Islams mit Extremismus, Gewalt, Frauenunterdrückung, Rückständigkeit und Fundamentalismus in Verbindung bringt. In der Wissenschaft wird die Angst vor dem Islam als Islamophobie bezeichnet.

Nach der Feststellung existierender Vorurteile gegenüber Islam und Muslime, hat die Arbeit den größten Verursacher dieser Vorurteile untersucht. Die Medien haben eine große Funktion bei der negativen Wahrnehmung des Islams. Die drei Untersuchungen von Sabine Schiffer, Kai Hafez und Carola Richter und dem Sachverständigenrat der deutschen Stiftungen haben bestätigt, dass der Islam in den deutschen Medien übermäßig negativ dargestellt wird. Es stellte sich heraus, dass auch seriöse Medien eine subjektive Berichterstattung vom Islam präsentieren. ARD und ZDF bezeichnen sich als Vorbildmedien und sie werden auch von der deutschen Gesellschaft als seriöse Sendungen wahrgenommen. Dennoch stellten Kai Hafez und Carola Richter fest, dass beide Sendungen in den Jahren 2005 und 2006, 133 Sendungen über den Islam präsentierten. 81 Prozent dieser Sendungen präsentierten den Islam in Zusammenhang mit negativen Themen und 19 Prozent publizierten neutrale oder positive Sichtweisen. Also verfolgten beide Sendungen übermäßig eine Negativagenda bei der Darstellung des Islams. Sabine Schiffer berichtet in ihrer Untersuchung „Darstellung des Islam in der Presse", dass die Wahrnehmungen eines Menschen durch Medien stark manipuliert werden. Betrachtet man, dass ARD und ZDF von vielen Menschen als seriöse Sendungen wahrgenommen werden, so liegt die Gefahr, dass nichtmuslimische Menschen den Islam falsch interpretieren, da in den beiden Sendungen übermäßig negative Themen über den Islam präsentiert werden. Der Sachverständigenrat der deutschen Stiftungen berichtet auch von einer negativen Darstellung des Islams in den deutschen Medien. Medien präsentierten Menschen mit Migrationshintergrund allgemein mit negativen Themen, so haben sie sich nach dem 11. September 2001 mehr auf Muslime konzentriert. Seit dem 11. September 2001 wird der Islam überwiegend mit Terrorismus in Verbindung gebracht.

So hat der Sachverständigenrat der deutschen Stiftung Menschen mit Migrationshintergrund befragt, wie sie die Darstellung der „Ausländer" in den deutschen Medien wahrnehmen. Viele gaben an, dass Araber und Muslime überwiegend negativ dargestellt werden. Also betrachten auch Menschen mit Migrationshintergrund die Darstellung des Islams kritisch in den deutschen Medien

In Deutschland hat sich ein stark negativ ausgeprägtes Islambild entwickelt. Dies hat das Kapitel „Einstellungen zum Islam und zu Muslimen" in der vorliegenden Arbeit bestätigt. Die Untersuchungen von Bertelsmann Stiftung und Jürgen Leibold/Steffen Kühnel haben belegt, dass der Islam als eine Bedrohung wahrgenommen wird. Mehr als die Hälfte der deutschen Gesellschaft nimmt den Islam als eine Bedrohung wahr. Auffallend war, dass sich die Islamophobie in den zunehmenden Jahren verstärkt hat. Hinter dieser verstärkten Islamophobie können unterschiedliche Gründe liegen. Das Erklärungsmodell von Jürgen Leibold und Steffen Kühnel beschreibt, dass Islamophobie von drei Aspekten abhängig ist. Die drei Aspekte „soziale Dominanz", „autoritäre Aggression" und „ideologische Selbstpositionierung" haben einen großen Einfluss bei der Entstehung der Islamophobie. Die soziale Lage eines Menschen spielt eine große Rolle, denn fühlen sich Eigengruppen in ihrer sozialen Lage bedroht von den Fremdgruppen, so entwickeln sie den Wunsch wieder ihre Lage zu stärken und stigmatisieren somit Fremdgruppen. Politische Einstellungen sind auch von großer Bedeutung, denn je mehr rechts Menschen orientiert sind, desto mehr entwickeln sie eine Fremdenfeindlichkeit. Dies konnte man auch anhand der Gruppierungen sehen, die sich gegen Islamisierung Deutschlands gebildet haben wie z.B. PEGIDA und Pro NRW. In den letzten drei Jahren wird auch die Partei AfD (Alternative für Deutschland) immer wieder diskutiert, welche Ziele diese Partei verfolgt und ihre zunehmenden Stimmen.

Weiterhin wurde auch die Bildung angesprochen, denn beide Untersuchungen belegen, dass Menschen mit niedrigeren Schulabschlüssen eher zu einer Islamophobie neigen als höher gebildete Menschen. Dennoch zeigt die Bertelsmann Stiftung, dass sich in den Kreisen der höher gebildeten Menschen auch eine Islamophobie verbreitet. Islamophobie wurde auch in der Untersuchung von Leibold und Kühnel als ein Aspekt der Fremdenfeindlichkeit betrachtet, dennoch zeigen die Werte der Bertelsmann Stiftung, dass Islamophobie bzw. auch Islamfeindlichkeit als ein eigener Aspekt betrachtet werden kann. Abschließend kann man noch sagen, dass sich das negative Islambild in den vergangenen Jahren nicht verbessert, sondern deutlich mehr verschlechtert hat.

6. Literaturverzeichnis

Beiträge in Sammelwerken:

Cichowitz, Andreas (2002): Probleme der Wahrnehmung: Der Islam in der deutschen Fernsehberichterstattung, in: Hippler, Jochen/Lueg, Andrea (Hrsg.): Feindbild Islam oder Dialog der Kulturen, Hamburg, S. 35-48.

Elyas, Nadeem (1999): Integration ist keine Einbahnstraße, in: Hafez, Kai/Steinbach, Udo (Hrsg.): Juden und Muslime in Deutschland. Minderheitendialog als Zukunftsausgabe, Hamburg, S.16-20.

Hafez, Kai (2009): Mediengesellschaft – Wissensgesellschaft?. Gesellschaftliche Entstehungsbedingungen des Islambildes, in: Schneiders, Thorsten Gerald (Hrsg.): Islamfeindlichkeit. Wenn die Grenzen der Kritik verschwimmen, Wiesbaden, S. 99-118.

Hafez, Kai/Steinbach, Udo (1999): Die gesellschaftliche Stellung von Juden und Muslimen, in: Hafez, Kai/Steinbach, Udo (Hrsg.): Juden und Muslime in Deutschland. Minderheitendialog als Zukunftsausgabe, Hamburg, S. 5-10.

Halm, Dirk/Liakova, Marina/Yetik, Zeliha (2007): Pauschale Islamfeindlichkeit? Zur Wahrnehmung des Islams und zur sozio-kulturellen Teilhabe der Muslime in Deutschland, in: Jäger, Siegfried/Halm, Dirk (Hrsg.): Mediale Barrieren. Rassismus als Integrationshemmnis, Münster, S. 11-50.

Heitmeyer, Wilhelm/Heyder, Aribert (2002): Autoritäre Haltungen. Rabiate Forderungen in unsicheren Haltungen, in: Heitmeyer, Wilhelm (Hrsg.): Deutsche Zustände, Folge 1, Frankfurt a.M. S. 59-70.

Jäger, Siegfried (2009): Pressefreiheit und Rassismus. Der Karikaturenstreit in der deutschen Presse, in: Schneiders, Thorsten Gerald (Hrsg.): Islamfeindlichkeit. Wenn die Grenzen der Kritik verschwimmen, Wiesbaden, S. 305-320.

Jäger, Siegfried/Halm, Dirk (2007): Medienberichterstattung als Integrationshemmnis. Eine Einleitung, in: Jäger, Siegfried/Halm, Dirk (Hrsg.): Mediale Barrieren. Rassismus als Integrationshindernis, Münster, S. 5-10.

Leibold, Jürgen (2009): Fremdenfeindlichkeit und Islamophobie. Fakten zum gegenwärtigen Verhältnis genereller und spezifischer Vorurteile, in: Schneiders, Thorsten Gerald (Hrsg.): Islamfeindlichkeit. Wenn die Grenzen der Kritik verschwimmen, Wiesbaden, S. 145-154.

Leibold, Jürgen/Kühnel, Steffen (2008): Islamophobie oder Kritik am Islam?, in: Heitmeyer, Wilhelm (Hrsg.): Deutsche Zustände, 6. Folge, Frankfurt a.M., S. 95-115.

Leibold, Jürgen/Kühnel, Steffen (2003): Islamophobie. Sensible Aufmerksamkeit für spannungsreiche Anzeichen, in: Heitmeyer, Wilhelm (Hrsg.): Deutsche Zustände, 2. Folge, Frankfurt am Main, S. 100-119.

Leibold, Jürgen/Thörner, Stefan/Gosen, Stefanie/Schmidt, Peter (2012): Mehr oder weniger erwünscht? Entwicklung und Akzeptanz von Vorurteilen gegenüber Muslimen und Juden, in: Heitmeyer, Wilhelm (Hrsg.): Deutsche Zustände, 10 Folge, Berlin, S. 177-198.

Lueg, Andrea (2002): Der Islam in den Medien, in: Hippler, Jochen/Lueg, Andrea (Hrsg.): Feindbild Islam oder Dialog der Kulturen, Hamburg, S. 16-34.

Mansel, Jürgen/Heitmeyer, Wilhelm (2005): Spaltung der Gesellschaft. Die negativen Auswirkungen auf das Zusammenleben, in: Heitmeyer, Wilhelm (Hrsg.): Deutsche Zustände, 3 Folge, Frankfurt am Main, S. 39-72.

Naggar, Mona (1994): Ich bin frei, du bist unterdrückt. Ein Vergleich feministischer und islamistischer Frauenbilder, in: Medienprojekt Tübinger Religionswissenschaft (Hrsg.): Der Islam in den Medien, Bd. 7, Gütersloh, S. 208-220.

Naumann, Thomas (2009): Feindbild Islam – Historische und theologische Gründe einer europäischen Angst, in: Schneiders, Thorsten Gerald (Hrsg.): Islamfeindlichkeit. Wenn die Grenzen der Kritik verschwimmen, Wiesbaden, S. 19-36.

Peucker, Mario (2009): Islamfeindlichkeit – die empirischen Grundlagen, in: Schneiders, Thorsten Gerald (Hrsg.): Islamfeindlichkeit. Wenn die Grenzen der Kritik verschwimmen, Wiesbaden, S. 155- 166.

Pinn, Irmgard/Lehmann, Michael (1999): Tagungsbericht: Juden und Muslime in Deutschland. Gemeinsam fremd?, in: Hafez, Kai/Steinbach, Udo (Hrsg.): Juden und Muslime in Deutschland. Minderheitendialog als Zukunftsausgabe, Hamburg, S.24-62.

Ruf, Werner (2009): Muslime in den internationalen Beziehungen – das neue Feindbild, in: Schneiders, Thorsten Gerald (Hrsg.): Islamfeindlichkeit. Wenn die Grenzen der Kritik verschwimmen, Wiesbaden, S. 119-126.

Seidel, Eberhard (2008): In welche Richtung verschieben sich die medialen Diskurse zum Islam?, in: Heitmeyer, Wilhelm (Hrsg.): Deutsche Zustände, 6. Folge, Frankfurt a.M., S. 250-259.

Schneiders, Thorsten Gerald (2009): Die Schattenseite der Islamkritik. Darstellung und Analyse der Argumentationsstrategien von Henryk M. Broder, Ralph Giordano, Necla Kelek, Alice Schwarzer und anderen, in: Schneiders, Thorsten Gerald (Hrsg.): Islamfeindlichkeit. Wenn die Grenzen der Kritik verschwimmen, Wiesbaden, S. 403-432.

Schiffer, Sabine (2007): Die Verfertigung des Islambildes in deutschen Medien, in: Jäger, Siegfried/Halm, Dirk (Hrsg.): Mediale Barrieren. Rassismus als Integrationshemmnis, Münster, S. 167-200.

Schiffer, Sabine (2013): Islam in deutschen Medien, in: Spenlen, Klaus (Hrsg.): Gehört der Islam zu Deutschland, Düsseldorf, S. 123-139

Schiffer, Sabine (2009): Grenzenloser Hass im Internet. Wie „islamkritische" Aktivisten in Weblogs argumentieren, in: Schneiders, Thorsten Gerald (Hrsg.): Islamfeindlichkeit. Wenn die Grenzen der Kritik verschwimmen, Wiesbaden, S. 341-362.

Wagner, Franc (2009): „Die passen sich nicht an". Exkurs zu sprachlichen Darstellung von Muslimen in Medienberichten, in: Schneiders, Thorsten Gerald (Hrsg.): Islamfeindlichkeit. Wenn die Grenzen der Kritik verschwimmen, Wiesbaden, S. 323-330.

Monographien:

Ata, Mehmet (2011): Der Mohammed-Karikaturenstreit in den deutschen und türkischen Medien. Eine vergleichende Diskursanalyse, Wiesbaden.

Auernheimer, Georg (2010): Ungleichheit erkennen, Anderssein anerkennen! Ausgewählte Texte über Unterricht, (interkulturelle) Bildung und Bildungspolitik. Berlin.

Aydin, Sadi (2011): Vertrauensbildende Maßnahmen der Muslime und muslimischen Gruppierungen in Deutschland. Ein Beitrag zur Friedensgeographie, München.

Becher, Phillip/Begass, Christian/Kraft, Josef (2015): Der Aufstand des Abendlandes. Afd, Pegida &Co.: Vom Salon auf die Straße, Köln.

Bielefeldt, Heiner (2008): Das Islambild in Deutschland. Zum öffentlichen Umgang mit der Angst vor dem Islam, Berlin.

Cetin, Zülfikar (2012): Homophobie und Islamophobie. Intersektionale Diskriminierungen am Beispiel binationaler schwuler Paare in Berlin, Bielefeld.

Geiges, Lars/Marg, Stine/Walter, Franz (2015): Pegida. Die schmutzige Seite der Zivilgesellschaft?, Bielefeld.

Goffman, Erving (1992): Stigma. Über Techniken der Bewältigung beschädigter Identität, 10. Auflage, Frankfurt a.M.

Hafez, Kai (2002): Die politische Dimension der Auslandsberichterstattung. Das Nahost- und Islambild der deutschen überregionalen Presse, Bd. 2, Baden-Baden.

Hafez, Kai/Schmidt, Sabrina (2015): Die Wahrnehmung des Islams in Deutschland, 2. Auflage, Gütersloh.

Halm, Dirk/ Sauer, Martina (2015): Lebenswelten deutscher Muslime, Gütersloh.

Klug, Petra (2010): Feindbild Islam?. Der Diskurs über Muslime in Bundestagsdebatten vor und nach dem 11. September, Marburg.

Lünenborg, Margreth/Fritschke, Katharina/Bach, Annika (2011): Migrantinnen in den Medien. Darstellungen in der Presse und ihre Rezeption, Bielefeld.

Markun, Fabian (2013): „Der Anstieg der Feindseligkeit gegen die Muslime im Westen". Islamophobie im Spiegel ausgewählter Diskussionssendungen des arabischen Satellitensenders al-Jazeera, Berlin.

Marg, Stine/Trittel, Katharina/Schmitz, Christopher (2016): No Pegida. Die helle Seite der Zivilgesellschaft, Bielefeld.

Özdemir, Leyla (2013): Die Identitätsentwicklung der türkischen Familien in Berlin. *Im 50. Einwanderungsjahr*, Hamburg.

Sachverständigenrat deutscher Stiftungen für Integration und Migration (2013): Muslime in der Mehrheitsgesellschaft: Medienbild und Alltagserfahrungen in Deutschland, Berlin.

Schiffer, Sabine (2004): Die Darstellung des Islams in der Presse. Sprache, Bilder, Suggestionen. Eine Auswahl von Beispielen und Techniken, Würzburg.

Aufsätze in Zeitschriften:

Hafez, Kai/Richter, Carola (2007): Das Islambild von ARD und ZDF, in: Aus Politik und Zeitgeschichte, Heft 26-27/2007, S. 40-46.

Hoffmann, Anne (2001): Islam in den Medien. Der publizistische Konflikt um die Friedenspreisverleihung an Annemarie Schimmel, in: Communicatio Socialis 34. Zeitschrift für Medienethik und Kommunikation in Kirche und Gesellschaft, Bd. 34/2001, S. 448-466.

Tiesler, Nina Clara (2007): Europäisierung des Islam und Islamisierung der Debatten, in: Aus Politik und Zeitgeschichte, Heft 26-27/2007, S. 24-32.

Beiträge aus dem Internet:

Bergmann, Werner (2006): Was sind Vorurteile?, in: http://www.bpb.de/izpb/9680/was-sind-vorurteile?p=all [Zugriff am 07.09.16]

Bertelsmann Stiftung (2015): Muslime in Deutschland mit Staat und Gesellschaft eng verbunden, in: https://www.bertelsmann-stiftung.de/de/themen/aktuelle-meldungen/2015/januar/religionsmonitor/

file:///C:/Users/User/Downloads/d04e0a05e4cb87f4e4c7d6cb83164a19511f0458.pdf

http://www.bertelsmann-stiftung.de/fileadmin/files/Projekte/51_Religionsmonitor/Zusammenfassung_der_Sonde rauswertung.pdf
[Zugriff am 12.08.16]

Bundesamt für Migration und Flüchtlinge, Muslimisches Leben in Deutschland. Im Auftrag der Deutschen Islam Konferenz, in:

https://www.bmi.bund.de/cae/servlet/contentblob/566008/publicationFile/31710/vollver sion_studie_muslim_leben_deutschland_.pdf [Zugriff am 05.08.16]

Detjen, Stephen (2015): Die Geschichte eines Satzes, in: http://www.deutschlandfunk.de/der-islam-gehoert-zu-deutschland-die-geschichte-eines-satzes.1783.de.html?dram:article_id=308619 [Zugriff am 19.09.16]

Geißler, Rainer (2014): Migration, Integration und Medien, in: http://www.bpb.de/gesellschaft/medien/medienpolitik/172752/migration-integration-und-medien?p=all [Zugriff am 29.08.16]

Häusler, Alexander (2011): Die „PRO-Bewegung" und der antimuslimische Kulturrassismus von Rechtsaußen, in: http://library.fes.de/pdf-files/do/08253.pdf [Zugriff am 18.09.2016]

Hildebrandt, Tina (2015): „Der Islam gehört zu Deutschland". Wer hat das zuerst gesagt? Wer hat damit die größte Wirkung erzielt? Und wen hat es am meisten verändert?, in: http://www.zeit.de/2015/09/christian-wulff-angela-merkel-islam-deutschland [Zugriff am 19.09.16]

Küpper, Beate/Zick, Andreas/Hövermann, Andreas (2013): Islamfeindlichkeit in Deutschland und Europa, in: http://www.frsh.de/fileadmin/schlepper/schl_67_68/s67-68_X-XVII.pdf [Zugriff am 22.09.16]

Müller, Jochen (2010): Die Islamophobie und was sie vom Antisemitismus unterscheidet, in: http://www.bpb.de/politik/extremismus/antisemitismus/37969/antisemitismus-und-islamophobie [Zugriff am 11.08.16]

Pfahl-Traughber, Armin (2014): Islamfeindlichkeit, Islamophobie, Islamkritik – ein Wegweiser durch den Begriffsdschungel, in: http://www.bpb.de/politik/extremismus/rechtsextremismus/180774/islamfeindlichkeit-islamophobie-islamkritik-ein-wegweiser-durch-den-begriffsdschungel [Zugriff am 11.08.16]

Shooman, Yasemin (2014): Auswirkungen rassistischer und islamfeindlicher Zuschreibungen auf Muslime in Deutschland, in: file:///C:/Users/User/Downloads/Workshop%206.pdf [Zugriff am 13.09.16]

URL: http://www.pfaelzischer-merkur.de/landespolitik/Landespolitik-Mainz-Gesellschaft-und-Bevoelkerungsgruppen-Muslime-Verbaende;art27452,6056065 [Zugriff am 13.09.2016]

URL: http://www.sueddeutsche.de/thema/Terror_in_Paris [Zugriff am 17.09.2016]

URL: http://www.sueddeutsche.de/politik/terroranschlaege-in-bruessel-warum-belgien-1.2918996 [Zugriff am 17.09.16]

URL: http://www.n-tv.de/politik/Offenbar-Terroranschlag-in-Paris-verhindert-article17240861.html [Zugriff am 17.09.2016]

URL: http://www.spiegel.de/politik/ausland/frankreich-innenminister-bernard-cazeneuve-nennt- burkini-verbot-verfassungswidrig-a-1109843.html
[Zugriff am 21.09.16]

URL: http://www.focus.de/politik/videos/gegen-refugees-welcome-ist-eine-ersatzreligion-afd-frau- petry-geisselt-die-deutsche-hilfsbereitschaft_id_5969889.html
[Zugriff am 22.09.16]

Antiislamische Website

URL: http://www.pi-news.net/leitlinien/ [Zugriff am 18.09.2016]

CPSIA information can be obtained
at www.ICGtesting.com
Printed in the USA
LVHW040239060523
746235LV00002B/62